Snow Man

俺たちのREAL

池松紳一郎

太陽出版

プロローグ

2023年10月17日付で社名を『SMILE-UP.(スマイルアップ)』に変更したジャニーズ事務所。創業以来61年に渡る『ジャニーズ事務所』の名称についに別れを告げた。

故ジャニー喜多川氏の性加害問題について、ジャニーズ事務所が2回目の会見を開いた10月2日直後から、先輩タレントたちの間からも徐々にではあるが口を開く者が増えていった。

「中でも印象的だったのは、10月8日に行われたミュージカル『チャーリーとチョコレート工場』(東京・帝国劇場)公開ゲネプロ前の単独会見で、ようやく重い口を開いたKinKi Kids・堂本光一くんでした」(人気放送作家)

KinKi Kidsといえば、あらゆる所属タレントの中でも有数の〝故ジャニー喜多川氏シンパ〟と知られているだけに、ある意味では井ノ原快彦(ジャニーズアイランド社長)よりもその発言内容が注目された。

またSnow Manのメンバーにとっても、特に光一は舞台に懸ける情熱や熱量、姿勢を見習うべき先輩の一人だ。

そんな堂本光一は、いかにも苦しそうな表情を浮かべながらも——

『すごく葛藤はありました。
自分が知っている彼（故ジャニー喜多川氏）と違ったりする部分もあったりして。
それは自分の中でも認めなければいけないと思いますし、
何よりも被害に遭われた方が救われなきゃいけないという風に思っております』

『たくさんの迷い、ジレンマとかいろんなことがあるんですけど、剛くんと一度話したときに、

「グループ名を変えないといけないグループもいるよね。

K・inK・i K・i dsも変えてもいいんじゃないか」——というところまで話が出ました。

でも我々が変えると、

「そこまでしなくてもいいよ」という他のグループまで変えなきゃいけないのかな……

という感じになってしまう』

——などの言葉を残してくれた。

一方、そんな堂本光一の会見から2日後の10月10日、ソロプロジェクト『.ENDRECHERI.Ba-llad of FUNK』ツアー初日を迎えた堂本剛は、ライブのMCで、〝家族〟〝仲間〟〝平和〟について語りかけることが多く、ところどころで楽曲にかけて——

『自分を見失わないようにするのは難しい』
『あの頃の自分は辛かったんやろな』

——などと話すシーンもあったが、全体を通して言葉を選びながら発言に気をつけていた。

さて、我らがSnow Manはどうか?
このプロローグを書いている10月中旬時点、メンバーは公にマスコミに向けた発信はしていない。
個々のメンバーが舞台裏では触れているが、それは本書を読み進めていただければ明らかになっていくだろう。

「ジャニーズ事務所が消滅し、エージェント制の新事務所が設立されるわけですが、エージェント制は決していいことばかりではなく、例の〝闇営業問題〟でエージェント制を導入した吉本興業(よしもとクリエイティブエージェンシー)でも、〝エージェント制ではなく、所属している芸人のほうに仕事が集中している〟なんて話もあります。長い目で見れば、現場の人間関係で仕事が決まりがちな日本のテレビ、映画界には〝馴染まない〟の声も大きい」(前出人気放送作家)

果たしてSnow Manは今、何を考え、どこに向かおうとしているのか?

それぞれのメンバーについて、そのあたりの事情も踏まえて、彼らの知られざるエピソードをお送りしたいと思う――。

目次

1st Chapter

岩本照

Hikaru Iwamoto

SnowMan
岩本照のREAL

Snow Manが打ち立てる〝大記録〟への本音

『10月5日の夜中に、看板というか、本社ビルからロゴが完全に撤去されたじゃない?

俺らも先輩たちも、結構多くの所属タレントが名前のなくなったビルを見に行ってんだよね。

ホラ、外苑東通りを車で通ったら見えるから。

わざわざ降りて写メ撮ったりはしないけど』〈岩本照〉

Snow Manにとっては渋谷のジャニーズアイランド、あるいは乃木坂に移転する前に本社が入っていた赤坂8丁目の(ビルの)ほうが思い出深いかもしれないが、やはりジャニーズ事務所の象徴でもあった赤坂9丁目の本社ビル(旧SME乃木坂ビル)外壁から『Johnny&Associates』の社名が撤去されたことは、全所属タレントの心に「(本当にジャニーズなくなっちゃうんだ)」の空虚な風を吹かせたことは事実だろう。

『〝X〟がいまだに〝X（旧Twitter）〟って表記されているように、〝SMILE-UP.（旧ジャニーズ事務所）〟って書かれるようになると思うんだけど、それを一日も早く〝SMILE-UP.〟だけで通じるように、新しくできるエージェント会社の社名も含め、単独でもわかってもらえるように浸透させるのも俺たちの役割』

岩本照のこの言葉からは、残留（ないし個人事務所の設立）を決意したように感じるが、あの滝沢秀明氏がTOBEを設立して以降――

「Snow Manは大恩ある滝沢氏のもとに走るのではないか」

……の噂が囁かれていたのはご承知の通り。

『確かに俺も含め、メンバーみんなが悩みまくったのは事実。
でも河合(郁人)くんがA.B.C.-Zを脱退したとき、
公式に「ジャニーズ事務所(※当時)は辞めない。ここで辞めたら〝逃げ出した〟ことになる」
――って言ったとき、メンバーみんな〝カッコいい!〟ってなったんだよね。
河合くんはSnow Manにとっては身近な先輩で同じ〝滝沢ファミリー〟の一員だから、
余計に心に響いたというか、俺も見習いたいと思ったんだ』

――そう語った岩本照。

『〝エージェント制〟についてメンバー全員がまだ完璧に仕組みを理解しているわけじゃないから、
未来のことはわからないけど、
たくさんいる〝ジュニア(※旧ジャニーズJr.)〟の子たちにもカッコいい背中を見せたいし、
引っ張っていきたい気持ちが本当に一番強い』

Snow Manのリーダーだけに発言には責任が伴うが、この発言は岩本の本心を語っている。

『それとずっと気になってることがあるんだけど、俺たちの記録は大丈夫なのかな⁉』

――記録?

『ほら、ジャニーさんのギネス(ブック)の記録って抹消されたんでしょ?
Snow Manのセールス記録とか、そういうのはリセットされないよね?
別に記録のために活動してるわけじゃないけど、〝励み〟にはなるじゃん』

岩本の言う「セールス記録」とは、Snow Manが持つセールスやヒットチャートの〝連続売上記録〟のことだろう。

現在Snow Manは最新シングル『Dangerholic』(初週売上86.9万枚)まで8作連続、通算でも8作目のヒットチャート初登場1位を記録している。

「ファンの皆さんの中には〝Snow Manのシングルは9枚出てる!〟とツッコまれる方もいらっしゃるとは思いますが、SixTONES vs Snow Manとしてリリースしたデビュー曲『Imitation Rain／D.D.』は記録上、別名義の作品とされるようになりました。ゆえにSnow Manにとっては2ndシングル『KISSIN' MY LIPS／Stories』(両A面)からしか、ヒットチャートの連続記録としては残されません。それでいうとSnow Manは〝8作連続・通算8作目の初登場1位〟で、かつ〝3作連続・通算6作目のシングル初週売上80万枚超え〟。そして男性アーティスト史上初となる〝通算6作目の初週売上80万枚超え〟を達成しました。さらに連続初週売上50万枚超え作品のカテゴリーでは8作連続で、これも男性アーティスト史上初の〝8作連続初週売上50万枚超え〟記録です」(音楽関係者)

そう、これらの記録が旧ジャニーズ事務所時代に達成されているので、「ジャニーズの名称が消滅するとともにリセットされるのでは?」……と、メンバー間でも心配されているようだ。

しかし結論からいえば、これらの記録がヒットチャートの歴史から抹消されることはない。

ちなみにSnow Manのシングルで初週売上が80万枚を超えたのは『KISSIN' MY LIPS／Stories』『Grandeur』『HELLO HELLO』『オレンジkiss』『タペストリー／W』『Dangerholic』の6作だが、実はSnow Manの真の凄さを物語るのは、同じ〝男性アーティスト史上初〟でも通算6作目の初週売上80万枚超ではなく、連続8作目（※継続中）の初週売上50万枚超のほうだ。

「Snow Man以下の連続記録を見てみると、2位がB'zと嵐の7作連続、4位がL'Arc～en～CielとGLAYの6作連続。この5組でトップ5を形成し、Snow Manが従えているのがB'zに嵐、L'Arc～en～Ciel、GLAYですからね。名実ともに日本の音楽シーンを代表するアーティストばかり。たとえばMr.Childrenやサザンオールスターズの名前が入っていないんですから。これは岩本くんが気にするのも無理はない大記録でしょう」（同音楽関係者）

今後も継続されるであろう大記録が〝自信〟となり、Snow Manはグループとしても個人としても、まだまだ成長し続けてくれるだろう。

体温を感じる振付が〝岩本イズム〟

2023年10月4日から28日まで、東京・新橋演舞場で上演（全35公演）された舞台『少年たち 闇を突き抜けて』。
『少年たち』シリーズといえば1969年の初演以降、多くの旧ジャニーズメンバーが出演してきた、旧ジャニーズ事務所を代表する舞台作品の一つ。

『ハッキリ言って『少年たち』は、ジャニーさんが構成・演出してきた作品の中でも三本の指に入るぐらいの代表作だから、大人の皆さんの間では「上演中止にすべきでは?」の意見があったのは本当』〈岩本照〉

その舞台作品、今回は美 少年の6人を主人公に先輩の内博貴が脇を固めてくれていたのだが、皆さんもご承知の通り、何よりも岩本照が〝構成・演出・振付〟の3役を担ったところがポイント。

「『少年たち』はSMAPを大スターへと導いた『ANOTHER』と並ぶ、旧ジャニーズJr.がスターになるための登竜門的な作品です。Snow ManやSixTONESをはじめ、なにわ男子、Travis Japan、Kis-My-Ft2、A.B.C-Z、ジャニーズWEST……などなど、ほとんどのグループが旧ジャニーズJr.時代に出演しています。その歴史ある作品の構成、演出を手掛けることによって、岩本くんの今後の立ち位置が決まると言っても過言ではないほど、彼にとっては重要な作品になりました」（松竹関係者）

岩本は今回の仕事で、「旧ジャニーズ事務所のエンターテインメントを受け継ぐ〝正統な後継者〟の一人として認められたも同然」――と、この松竹関係者氏は語る。

さらに今年上演された『FINAL』も含めた『滝沢歌舞伎ZERO』シリーズにおいても、岩本照は〝現場監督〟的なポジションで後輩たちを指導。

滝沢秀明氏からも――

『お前がいてくれれば安心して任せられる』

――と、嬉しい言葉をかけてもらったこともあったそうだ。

『昔、滝沢くんからは冗談で、
「何年かあとに『岩本歌舞伎』だな（笑）」——と言われたこともあったんです。
そうしたら、ふっかがいきなり、
「滝沢歌舞伎のあとは〝深澤歌舞伎〟のほうが〝沢〟的にもしっくりくる」
……とかヤキモチ妬いちゃって（苦笑）。
岩本歌舞伎も深澤歌舞伎もどっちもねぇっつーの！
つーか〝沢的〟って日本語、変すぎるだろ!!』

——そう言って笑う岩本照。

そして今回、構成・演出に加え、あえて振付と3点セットでクレジットされた点も、岩本が今後、旧ジャニーズ事務所のエンターテインメントを引き継ぐ〝正統な後継者〟として頭角を現した証明でもあると松竹関係者氏は話す。

「故ジャニーさんの生前、ジャニーさんが構成・演出を務めた作品で〝構成・演出〟さらには振付など複数にクレジットされたタレントは、東山紀之さん、KinKi Kidsの堂本光一くん、引退前の滝沢秀明くんなど、長い旧ジャニーズ事務所の歴史の中でもほんの数名のビッグネームのみ。そんな先輩たちのラインナップに、堂々と岩本くんの名前が並んだのです」（同松竹関係者）

これまで岩本は若手メンバーたちの中でも、かなり積極的に〝プロデュース業〟を学び、手掛けてきたメンバーの代表格。

その得意分野はまず〝振付〟で、Snow Manのオリジナル楽曲では旧ジャニーズJr.時代から歌い継ぐ『Party! Party! Party!』や『ZIG ZAG LOVE』、新しいところでは『JUICY』や『あいことば』など、音楽ジャンルを問わず振付の表現力の幅を広げてきた。

さらには旧ジャニーズJr.時代の後輩、IMPACTors（現・IMP.）にも振りを提供。

当時はSnow Man以外のグループに振りを提供することが初めてだった。

当時、岩本は――

『新鮮で楽しい』
『アイツらが踊っている姿を思い浮かべながら、いろいろと難易度の高いダンスを試せた』
『普段は感じない、味わえない刺激があった』

――など、嬉しそうに語っていたほどだったという。

「自分が〝踊る才能〟と〝振りを付ける才能〟はまったくの別物だし、自分のグループに振りを付けるセンスと他グループに振りを付けるセンスもまったくの別物。それは岩本くんの能力の高さ、多彩さの証」

――と、松竹関係者氏は岩本照を絶賛する。

『今回、『少年たち 闇を突き抜けて』の振りを付けるとき、
(美 少年)メンバーの浮所(飛貴)と映画(『モエカレはオレンジ色』)で共演して、
ある程度は気心が知れていたことも大きかった。
全員まったく共演したことがなかったら、
いくらこれまでの美 少年のパフォーマンス映像を見させてもらっていても、
たぶんイメージが湧かなかったと思う。
イメージが湧かなくても振りを付けることはできるけど、
それは人間味がないというか、〝体温を感じない振り〟になっていたと思うんだよね。
俺はやっぱり体温を感じる振りを付けたいし、それは構成や演出も同じ。
だから浮所との共演経験は本当に助かったね』

〝体温を感じる〟構成・演出・振付――。
それはきっと、岩本照の〝哲学〟や〝こだわり〟に通じるものなのだろう。
そしてそれは、他の誰かの真似ではない、〝岩本イズム〟を生んでくれてもいるのだ。

リーダー岩本照が持ち続ける〝感謝の想い〟

吉本興業（よしもとクリエイティブエージェンシー）所属のお笑い芸人・鬼越トマホークが10月中旬、自身のYouTubeチャンネル〝鬼越トマホーク喧嘩チャンネル〟で、『〝内部告発〟吉本本社警備員に聞いた態度が悪い芸人ランキング』と題した企画を公開。再生数は1日で17万回を超えた（チャンネル登録者数34.5万人※公開当時）。

「鬼越のYouTubeチャンネルは人気コンテンツではありますが、それでも彼らが公開する通常の投稿動画とは、わずか1日とはいえ再生回数が1桁違うほどの反響。〝態度が悪い〟が引きになったのでしょうが、視聴者は普段の芸能人が裏方さんに〝どう見られているか？〟に興味津々なのです」（人気放送作家）

これは吉本興業のお笑い芸人に留まらず、旧ジャニーズ事務所のアイドルたちにも当てはまる。

「アイドルたちが普段、裏方さんにどんな素顔を見せているのか？」ファンならずとも気になるところではないか。

「中には逆にイメージがよくなるというか、〝もっと怖い人かと思っていたのに〟……的な、印象がよくなるアイドルもいるでしょう」（同人気放送作家）

〝印象がよくなる〟の代表格こそ、Ｓｎｏｗ Ｍａｎの岩本照だろう。

岩本は寡黙でストイックな性格に加え、マッチョな肉体とＳｎｏｗ Ｍａｎの〝リーダー〟である立場からか、ファンや関係者には〝強面系〟アイドルとして認知されている。

その岩本が実は裏方のスタッフさんたちに「やたらと受けがいい」と聞かされれば、必然的に印象がグッとよくなるのではないだろうか。

「その証拠に少し前、『それＳｎｏｗ Ｍａｎにやらせて下さい』（以下『それスノ』）で見せたスタッフへの気遣いが大きな話題となり、なんとＸ（旧Ｔｗｉｔｔｅｒ）のトレンドに入ったのです」（同前）

人気放送作家氏によるとそれは、この夏に放送された『それスノ』２時間スペシャルでの出来事。

数ヶ月前の出来事だけに、印象に残っている皆さんも多いだろう。

「番組のロケで渋谷のジューススタンドに寄った岩本くんは、ごく自然な振る舞いでジュースを2つ注文。そのうちの一つが、暑い中、カメラを構えて帯同してくれたスタッフの分だったのです。事もなげに『**これスタッフさんの分**』──と言ってジュースを手渡す岩本くんに、〝この男、シンプルに優しい〟というナレーションも入り、編集スタッフも感激する行いだったのです。岩本くんのようにスタッフにもジュースを用意してくれるタレントさんはいますが、普通はマネージャーさん経由で渡すか、ADにお金だけ渡して買わせるか、そのどちらかでしょう。わざわざ自分で買って自分で渡すタレントさんはあまり見たことがありません」（同前）

スタッフへの気遣いが自然体でできるのは、岩本がいつも同じことをやっているからだろう。

「僕が聞いた話では、歌番組の生出演が終わったあと、スタッフを引き連れて焼き肉屋に繰り出した岩本くんが、全員分のお会計はもちろんのこと、注文から空いた皿の整理、いくつものテーブルを回りながら肉を焼き歩くなど、それこそスタッフには〝何もさせない〟ぐらい世話を焼いていたという話です。そんな岩本くんですから、スタッフ受けは最高。もしSnow Manメンバーや旧ジャニーズメンバーで鬼越トマホークのような企画をやったとしても、絶対岩本くんの悪口は出てこないでしょうね」（同前）

そんな言動について岩本は『別に大したことはしてないじゃん』と笑う。

『俺たちというか、
タレントが笑顔で仕事することができるのは、
もちろんファンのみんなの応援があるからこそだけど、
常にスタッフさんたちに支えられているからだってことも忘れちゃいけない。
だからカメラが回っていないときは当たり前だけど、
カメラが回っていてもスタッフさんたちへの感謝は忘れちゃいけない。
その気持ちがあれば、考える前に体が動いてるでしょ』

当たり前のようにそう語った岩本照。
こうした岩本照の根底にある〝感謝の想い〟が、リーダーとしてSnow Manを、これからも
〝正しい道〟に導いていくに違いない――。

岩本照 フレーズ

『「自分はツイてる」と心から思える人は、自分の力を過信せず、まわりへの感謝を忘れない』

どれほどの努力を重ねようと、神様がチャンスを与えてくれるかどうかはわからない、ではチャンスを呼び込める人は？〝ツキ〟を自分の実力などと過信せず、周囲のスタッフやファンに対しての感謝を忘れない。そうすればいつか、ツキが味方をしてくれる。

『「障害はそのゲームを面白くするルールなんだな～」って、
『SASUKE』に教えてもらった。
人生にもあてはまると思わん?』

『SASUKE』出演をきっかけに懇意にしてもらっている、
ゴールデンボンバー・樽美酒研二さん。その樽美酒さんが少し
酔ったとき、しみじみと語った言葉を大切にしている岩本照。

『誕生日プレゼントをくれた人は大切にしたい。
だって365日、俺のことを忘れなかった人だから』

「そんなのスケジュール帳かスマホにメモしていただけじゃん!」などと思ってはいけない。岩本照のように、こう考えられる人間だけが、他人を感動させる喜びや価値を知っているのだから。

2nd Chapter

深澤辰哉

Tatsuya Fukazawa

SnowMan
深澤辰哉のREAL

目指せ！〝第2の出川哲朗〟

『俺にとってはさ、一つ一つの仕事が本当に勝負なわけよ。
康二みたいにレギュラーを持っていたら、今週の失敗を来週取り返せるじゃん？
そういう意味でも単発で呼ばれた番組は絶対に結果が欲しい』〈深澤辰哉〉

この秋の番組改編期、いくつものスペシャル番組（バラエティ）に呼ばれた深澤辰哉。

『自分で言うのも何だけど、俺なんて気の利いたリアクションが取れるわけじゃないし、
他のメンバーみたいな特技や強みを持ってるわけじゃない。
ただ一生懸命にやるだけしか能がないから、誰よりも結果を欲しているのよ』

〝ただ一生懸命にやるだけしか能がない〟のではなく、その一生懸命さこそが、深澤がバラエティ番組からオファーを受ける理由なのでは?

たとえば10月7日には、フジテレビ系の土曜プレミアム枠『爆笑そっくりものまね紅白歌合戦スペシャル』(21時～23時20分放送)、『ようこそ運ダーランド 最強運No.1決定戦2023 秋』(23時50分～24時45分放送)の2番組がオンエアされたけど、視聴者には実質〝21時から24時45分まで3時間45分も深澤辰哉が出っぱなし〟の印象を与えてくれた。

「深澤くんは完全にバラエティでも売れっ子の道を歩んでますよ。『ものまね』も『運ダーランド』も過去に呼ばれていたので、〝おかわり〟で呼ばれたのはきちんと爪痕を残した証明でしょう」(人気放送作家)

さらにいえば、その10日後の10月17日にオンエアされた『THE神業チャレンジSP』(TBS系)では、午後7時台という紛れもないゴールデンタイムに、とんでもない結果を残してくれた。

こちらは次のエピソードでお話しするので楽しみにお待ちいただきたい。

「とにかくホッとしたのは、改編期のスペシャル番組は大半が8月～9月頭までに収録されたものなので、例の性加害問題が出演に影響することがなかった点。もし性加害問題が7月までに沸騰していたら、深澤くんの出演がキャンセルされていた可能性も否定できません」(同人気放送作家)

特に深澤の需要は〝イジられキャラ〟に振れているので、出演キャンセルにならなかったとしても、MCも共演者も深澤をイジりにくい。そうなると持ち味も半減してしまう。

「最初に深澤くんの〝イジられキャラ〟が露見したのは、Snow Manのレギュラー番組ではなく『櫻井・有吉THE夜会』(TBS系)のような、先輩の番組に呼ばれたときでした。今ではすっかり『それスノ』でもイジられ側に振れてますが、それは他の番組でイジられキャラが確立したから。一応はSnow Manに戻れば旧ジャニーズJr.時代は一番の先輩ですから、他のメンバーも上辺を撫でる程度にしかイジれなかった。イジられキャラやヘタレキャラは周囲が本気でイジらないと笑いに繋がりませんからね」(同前)

確かに中途半端にイジられても本人も困ってしまうもの。

「『櫻井・有吉THE夜会』では櫻井翔くんも有吉弘行さんも遠慮なしに深澤くんをイジり、また深澤くんもイジられて〝満更ではない〟表情を浮かべた。もちろん3人の間に出演者同士の信頼があるのでしょうが、見ている視聴者が嫌な気持ちにならないところが、深澤くんのイジられキャラとしての才能です」(同前)

そんな〝イジられキャラ〟の自分を、深澤自身はどう感じているのか?

『確かに〝(俺今イジられてんな〜)〟って感じるけど、
イジりが上手い人と一緒のときは何だか心地いい。
〝主役感〟というか、〝今自分は日本の電波で主役を張ってる感〟があったりして(笑)。
ずっと一生イジられたいとまでは思わないけど、
どうせなら〝第2の出川(哲朗)さん〟と呼ばれるぐらい大きくはなりたいね、イジられ界で』

最近ではそんな深澤に対して「イジられながら〝裏回し〟もできる」と評判らしい。

「〝裏回し〟とはテレビ用語で、MCじゃない出演者が進行を支配することで、バラエティ界では上級の褒め言葉です。いろいろな局で「あの子、裏回しもできるよね?」と深澤くんのことを尋ねられることも増えたので、あとは深澤くん自身が場数を踏んで経験値を増やせば〝売れっ子のバラドル〟になれると思います」(前出人気放送作家)

深澤辰哉には本人も望むように〝イジられ界〟でさらに大きく羽ばたいて欲しい。

〝Mr.クレーンゲーム〟の称号

『自分が単独でバラエティに呼んでもらえるのが、どれだけありがたいか。
俺は一回一回、その感謝と次に繋げる意欲を忘れない。
だから画面で俺がスベっても、その意欲が強すぎるゆえの空回りだと思って、
温かく見守ってください（笑）』〈深澤辰哉〉

10月17日に放送されたTBS系のゴールデンタイム特番『THE神業チャレンジ 秋の頂上決戦！』に出演し、神業クレーンゲームに挑戦した深澤辰哉。

世界中で流行している〝神業動画〟にさまざまな芸能人やアスリートが本気で挑戦し、見事再現できたらその場で賞金100万円を獲得できるこの番組。

深澤辰哉は5月に放送された同番組にも〝Mr.クレーンゲーム〟の称号を賭けて挑戦したが、残念ながらFINALステージ〝ビリビリクレーンゲーム〟の壁に跳ね返された。

『5月のオンエアで失敗しているのにまた呼んでもらえたのは、
俺が本当にクレーンゲームが上手くて、
しかもそこそこ上手くリアクションを取れた証明だと思うんですよ』

――と話す深澤辰哉。

この『THE神業チャレンジ』で深澤辰哉が挑んだ「神業クレーンゲーム」とは、まず1プレイ100円のクレーンゲーム8台の中から1,000円以内で4つの景品を取ればクリアとなるファーストステージ。さらに次のステージでは鉄線に触れることなく70秒以内に100万円をクレーンでゲットすれば神業成功となるビリビリクレーンゲームのFINALステージに分かれていて、ロケもファーストステージの日、FINALステージの日に分かれていたそうだ。

『だからFINAL前に練習はできるんだけど、
別日になることで緊張感やプレッシャーは増し増しになる。
しかもFINALのロケはスタッフさんの数もファーストよりも3倍ぐらい増えるし、
番組を見てくださった方はわかると思うんだけど、俺、信じられないぐらい汗をかいた（苦笑）』

前回は惜しくも70秒の制限時間をオーバーし、FINALステージの壁に跳ね返された深澤辰哉。
クレーンゲーム歴は、2024年に20周年を迎える（旧）ジャニーズ歴より長い25年で、獲得賞品はザッと100個を超えるという。

『いつも賞品を獲りまくっていたから、
渋谷のゲーセンは（賞品を獲りすぎて）〝クレーン出禁〟になった。
当時はムカついたけど、今思えば俺がクレーンすればするほど赤字になるんだし、
仕方ないのも理解できる。
俺のせいじゃないと思いたいけど、そのあと、そのゲーセン潰れちゃったしね』

クレーンゲームの賞品だけで潰れることはないと思うけど、ことクレーンゲームに関しては〝Mr.クレーンゲーム〟の称号に相応しい逸話を持つ深澤辰哉。

これまで誰も番組内では成功した者がいない難攻不落の神業をクリアすることはできたのか?

『今回はスタートの真一文字(別名 横一文字ともいうクレーンゲームの裏技)で、
アルパカのぬいぐるみを100円でゲットしたのに、
2台目の〝野菜キャッチャー〟で失敗1回、
3台目の〝ペラ輪台(お菓子タワー)〟は4回失敗して断念したのがカッコ悪かったかな(苦笑)。
でも残金300円でノルマの2台を撃破して、
それもイリュージョンスピンと、
スウィング(ともに難易度MAXの裏技)を成功させたのは気持ちよかった。
あとでオンエアを見たら、スタジオも盛り上がってくれていたし』

そして肝心のFINALステージでは、神業チャレンジを制限時間の2秒前に成功させ、見事に100万円をゲット！
ロケに立ち会ったスタッフによると、放心状態の深澤辰哉が我に還ったのは、FINAL成功の1時間もあとだったそうだ。

『ずいぶん前に阿部ちゃんがクイズ番組で300万円ゲットしたの覚えてる？
あのとき、阿部ちゃんはメンバーに気前よく奢ってくれたから、
「俺もお返ししなきゃいけないのかな～」って考えてたら1時間ほど経ってた(笑)。
でも阿部ちゃんの1／3だからね、俺の賞金。
ちょっと奢りまくるほどでもなくない!?』

阿部亮平はSnow Manのデビュー直前、『クイズ！あなたは小学5年生より賢いの？』(日本テレビ系)での全問正解だった。
確かに300万円と100万円には大きな差があるけど、賞金の額はさておき、難攻不落の神業をクリアした深澤辰哉はまさに〝Mr.クレーンゲーム〟の称号にふさわしい！

“役者・深澤辰哉”の意気込み

10月27日からテレビ朝日系・金曜ナイトドラマ枠で放送がスタートした『今日からヒットマン』。相葉雅紀が主演するこの『今日からヒットマン』に出演しているのが、深澤辰哉だ。

『地上波の連続ドラマに出演させていただくのはおよそ10年ぶり。
それも尊敬する先輩の相葉雅紀くん主演ドラマですから、嬉しくないわけがないですよね。
あまり知られてないんですけど、Ｓｎｏｗ Ｍａｎって誰かの個人仕事が決まると、
マネージャーさんがみんなの前で発表してくれるんです。
Ｓｎｏｗ Ｍａｎがデビューしてからは連ドラや映画の仕事、ほとんど拍手でお祝いする、
見送る立場だった俺が、今回はメンバーみんなの前で大拍手と歓声を浴びる主役になれた。
めっちゃ嬉しかったたし、メンバーが俺以上に喜んでくれる気持ちがガツンと伝わってきて、
思わず“ホロリ”でしたね』〈深澤辰哉〉

このドラマは2005年から2015年まで週刊漫画ゴラク（日本文芸社）で連載されていた、漫画家・むとうひろし氏によるアクション漫画をドラマ化したもの。すでに2009年には武田真治主演で映画化され、2014年には要潤主演でウェブドラマ化されており、根強い人気を誇る作品だ。

食品会社に勤務する平凡なサラリーマンの稲葉十吉（相葉雅紀）は、営業先から帰宅する運転中に「二丁」のコードネームを持つヒットマンと遭遇。刺客の襲撃を受けて瀕死の重傷を負っていたヒットマンの二丁は、十吉の目の前で自身が仕事を請け負う犯罪組織『コンビニ』に連絡し、「ターゲットが死亡せず、自分の女が助からなかったら稲葉十吉とその家族を皆殺しに。ターゲットが死亡し、自分の女が助かったら全財産を稲葉十吉に渡す」と依頼して死亡。成り行き上、十吉は最愛の妻・美沙子（本仮屋ユイカ）と自身の生活を守るために何が何でもターゲットを殺害し、二丁の恋人・ちなつ（山本舞香）を救出しなければならない運命を背負うことになるところからストーリーが展開する。

深澤辰哉が演じるのは十吉がサラリーマンとして務める食品会社で、やる気なし・責任感なしのダメダメな部下の山本照久。仕事よりもプライベート優先で重要な企画書の作成もミスばかりの山本は、口だけは達者なこちらもダメ上司の遠藤（勝村政信）とともに、真面目なサラリーマンの十吉を困らせる迷惑な役柄。

『普段の俺はめめ（目黒蓮）と違ってバラエティ寄りのキャラだから、
せめてドラマの中だけでも真面目でカッコいい姿をファンのみんなに見せつけたかったのに、
俺が演じる山本は本物の俺以上にダメダメなバラエティキャラ。
でもどんな役柄だろうと、
お芝居をしている姿をファンのみんなに見てもらえるのは、
すごく楽しみで幸せ』

クランクイン初日の朝からＭＡＸの緊張で現場入りした深澤辰哉だったが、相葉雅紀と勝村政信が笑顔で迎え入れてくれたことで緊張がほぐれたらしい。

『でも気になったのは、
お2人とも俺の〝山本〟を「めっちゃナチュラル」と絶賛してくれて、
それは自信にもなったけど、
同時に〝俺ってそんなにダメダメな役が似合う？〟……って、
リラックスはできたけど気持ちは複雑だった（笑）。
ダメ上司の勝村さんはお芝居の経験値がハンパないから、
山本のキャラについてもめちゃめちゃアドバイスをもらえて嬉しかった。
だから初日以降は、現場に入るのが本当に楽しい』

そんな深澤辰哉について、相葉雅紀は――

『緊張しているように見えなかったし、何なら現場を一番楽しんでいた』

――と語ってくれている。

『相葉くんはとにかく優しくて懐が深い人。
バラエティじゃなくお芝居の仕事では初めての共演だけど、
相葉くんのおかげで日々温かな空気に包まれて過ごせていた。
そこに勝村さんがお笑いのエッセンスを入れてくれるから、よりいいムードになる。
俺が演じた山本についても確かに共通点しかなかったかも。
だって俺も先輩たちに頼りながらで生きてきたからさ。
そんな経験も役に投影しながら、
ちょっと憎めない可愛らしい面も見せられているんじゃないかな？
……そんな評価をもらえたら最高に嬉しい！』

視聴者の皆さんに面白い作品をお届けするために頑張るのはもちろん、自分を山本役に選んでくれた方々のためにも『一生懸命に頑張った』と語る深澤辰哉。
間違いなく今回のドラマは〝役者・深澤辰哉〟にとって、今後に繋がる作品になることだろう。

深澤辰哉 フレーズ

『スーパーとかの実演販売で100個売って満足してる人には、絶対に1，000個は売れないらしいよ』

とあるバラエティ番組のスタッフさんから聞かされた言葉。〝カリスマ〟と呼ばれる実演販売のプロは、どんな結果にも満足せずに「もう一つ多く売りたかった……」と向上心を忘れない。

『Jr.時代、(堂本)光一くんに——
「ため息をつけばつくほどお前の中から運が逃げてくで。
辛くてもため息はつくな」
——と言われて、
その言葉が忍耐力に繋がった』

いかにも堂本光一らしさ溢れるメッセージ。ため息をつくことは、その瞬間、その場に立ち止まること。つまりは〝後退〟を繰り返すに等しいのだ。

『自分とは違う個性を受け入れるところからチームが始まる』

深澤辰哉の言う〝チーム〟とは、「Ｓｎｏｗ Ｍａｎ」のこと。グループではなくチーム。関係性を一歩進めた、さらに深めた表現だ。

3rd Chapter

ラウール

Raul

〝SNS発信〟へのラウールの想い

旧ジャニーズ事務所が最初の記者会見を行った2023年9月7日の夜、ラウールが自身の公式Instagramに投稿したフレーズが、今でもファンの間で話題になっていると聞く。

ラウールは9月2日にさいたまスーパーアリーナで開催された『第37回 マイナビ 東京ガールズコレクション 2023 AUTUMN/WINTER』に出演した際の写真を9枚投稿し、そこに『Make hay』と短いフレーズを添えた。この〝Make hay〟とは「チャンスをモノにする」「逆境を利用する」などの意味がある英語のフレーズだ。

「この日は故ジャニー喜多川氏による性加害問題を旧ジャニーズ事務所が会見内で認め、謝罪した日でもあったことから、ラウールくんのこの投稿（フレーズ）が世間から叩かれまくる旧ジャニーズ事務所について触れたフレーズではないか？……と、ファンには受け止められたようです。またInstagramへの写真投稿枚数は9枚が上限でもないので、この数字は〝あえて9枚にしたのはメンバーの人数、9人を表しているのではないか？〟とも注目されました」（人気放送作家）

10月末現在、約134万人のフォロワー数を誇るラウールの公式Ｉｎｓｔａｇｒａｍは、完全にモデル寄りのオシャレな写真投稿に統一されている。その後の投稿でも特に『Ｍａｋｅ ｈａｙ』の意味には触れていないので本心まではわからないが、ファンの反応は「意味調べてシビれた。惚れ直した」「狙ったタイミングでのフレーズだろうけど、この短さでキメたのがカッコいい」「これを上げたラウールが誇らしい」「ラウールさんにこんな策士っぽい一面があったのは驚きだけど、見事にハマってる」などのメッセージと、投稿したタイミングを高評価する声がほとんどだった。

〝受け取ってくださる側のフォロワーさんがどう思うか？ どう理解されるか？〟

――それを楽しみに投稿するときもある。

『正直、自分の想いや気持ちはストレートに伝えるだけじゃないというか、
いろいろと反響がある今回の投稿がそれに当たるかどうかは別として、
１００万人以上のフォロワーさん、その１００％が俺の味方、ファンだとは思ってないから、
気持ちをストレートにお伝えする以外の方法というか、
想像にお任せします的な投稿も必要だと思うんですよね。
それに俺、俺の意見や気持ちに１００％賛同してもらいたいとも考えてないから』〈ラウール〉

別にフォロワー登録しなくてもラウールの公式Ｉｎｓｔａｇｒａｍを見ることはできるのだから、この投稿に対するインプレッション（表示）数は数百万どころか数千万に及ぶ可能性もある。

「誰が見ているのかわからない怖さは、投稿に対する過激な批判がどれだけ集まるかにも繋がります。この9月から10月にかけて、とにかく旧ジャニーズ事務所を叩きたいがためにＳＮＳに批判を投稿する人が増えたので、不用意な発言や投稿はそのターゲットになってしまいかねません。幸いにもというか、私がチェックした範囲ではラウールくんの投稿に対する批判はほとんどありません」（同人気放送作家）

ラウールの投稿と同日（9月7日）、あの木村拓哉がオールバックの髪型で敬礼をする自身の写真に「『ｓｈｏｗ ｍｕｓｔ ｇｏ ｏｎ！』ＰＥＡＣＥ‼ ＳＴＡＹＳＡＦＥ！」と公式Ｉｎｓｔａｇｒａｍに投稿、木村ファンの間からも〝会見を台無しにした〟〝空気が読めなさすぎる〟などの批判が上がり、物議を醸す炎上騒動へと発展したのとはいかにも対照的だ。

そんな大先輩の木村拓哉の一件についても、ラウールは――

『自分以外の人については何も言うことはない。
〝そんな資格があるわけじゃない〟……って意味合いで』

――と、冷静な対応。

これならば今後、SNSを舞台にしたネガティブなトラブルを起こさずにいてくれそう。
ラウールが発信するSNSでの投稿内容に、今後ますます注目が集まりそうだ。

ラウールの恩人は〝Snow Manのお母さん〟

向井康二のエピソードでもお話ししているが、今だからこそ言えるエピソードの一つとして、2019年1月からSnow Manに合流した3人、向井康二・目黒蓮・ラウールは、当時どんな感情を胸に抱いていたのか?

向井康二は旧関西ジャニーズJr.時代の盟友・室龍太の口から語られた間接的なエピソードが胸を打つが、当時はまだ中学3年生だったラウールは、大人の〝お兄さん〟たちをどのような目で見ていたのだろうか?

「ラウールくんは2015年に小学6年生で旧ジャニーズ事務所に入所すると、2018年から少年忍者のメンバーとして活動を始めました。すでにその時期、2018年いっぱいでタレントを引退し、故ジャニー喜多川氏の後継者として裏方に専念することを発表していた滝沢秀明氏は、自分が名実ともにジャニーズアイランド社を率いるようになったとき、ラウールくんをSnow Manのセンターに据える青写真を描いていたそうです。他の少年忍者メンバーやファンには申し訳なかったですが、ラウールくんの少年忍者への加入は、彼に〝経験を積ませるため〟以外の何ものでもなかったのです」（テレビ朝日関係者）

そして滝沢氏は旧関西ジャニーズJr.から向井康二、宇宙Six（※当初兼任）から目黒蓮を引っ張ってきて2019年1月17日にSnow Manへと合流させると、即ラウールをセンターポジションに抜擢する。

「これも今さらかもしれませんが、Snow Manの人数を9人にしたのは、センターにラウールくんを置いて左右に4人ずつ、綺麗な扇形ができるからです。このとき、滝沢氏は『**(左右は)3人ずつでは少ないし、5人ずつでは多い。至高のバランスが4人ずつ**』――との考え方から、Snow Manに増員するメンバー数を3人にした（合計9人）と後に語ったそうです」（同テレビ朝日関係者）

そう聞くと改めて、すべてがラウールのためだったことがわかる。

「もちろん、もともとのＳｎｏｗ Ｍａｎメンバーの6人、向井康二くん、目黒蓮くんはラウールくんの引き立て役などとは考えてはいなかったそうですが、他メンバーのファンにすれば、そう見えても仕方がなかったぐらいの厚遇でした。しかしそれが、当たり前ですが中学3年生から高校1年生へと上がっていくラウールくんに重いプレッシャーとしてのしかかったのです」（同前）

『本当にね、初めの頃はいつも明るく陽気に振る舞ってはいたけど、
常にお兄さんメンバーたちの顔色は窺ってたよ。
だって上は26才とか27才のメンバーだし、
お父さんの年代とは言わないけど、学校の先生ぐらいの年齢差があったからね。
逆に気安く話しかけるほうが変じゃない?
だから人前に出るときや（旧）ジャニーズ外のスタッフさんや関係者、
取材のインタビュアーさんなんかがいるとき以外、
基本は敬語だし、あとは黙って下向いてたよ（笑）』〈ラウール〉

ラウールのイメージ的には〝タメ口で物怖じしない、ポジティブな新メンバー〟と思われていたかもしれないが、彼は内心では常に年齢差を意識して振る舞っていたのだ。

『ポジティブはポジティブだけど、それとこれとは話が違うでしょ（笑）。
だけどいい意味の緊張感で、一日でも早くお兄さんたちに認められたい一心だったことが、自分のパフォーマンスを磨くモチベーションになったことは確か。
つまりSnow Manに選ばれてなかったら、すべての面から今の俺はいない』

そんなラウールがこの（2023年）10月、Snow Man公式YouTubeで加入当初のエピソードに触れてくれた。
ラウールは深澤辰哉、向井康二、目黒蓮とのドライブ動画の中で――

『この4人での思い出、1個あるわ』

――と語り出した。

それが、2019年にラウール、向井、目黒が加入してから最初の『滝沢歌舞伎ZERO』の話だという。

3人が加入した直後、2019年の『滝沢歌舞伎ZERO』は、まず京都・四条の南座で2月3日から25日まで、そして4月10日から5月19日まで新橋演舞場で上演された。

「ご存知の通りこの年から今年（2023年）のFINAL公演まで、メインキャストはSnow Manのメンバーが務めました。そもそもSnow Manは2012年から2018年まで7年連続で出演もしていたので、戸惑いはなかったといいます。またラウールくんは京都・南座公演には一部VTR出演のみで、新橋演舞場公演が新生Snow Manのお披露目にもなりました」（前出テレビ朝日関係者）

新橋演舞場公演のときはまだ「村上真都ラウール」の名義で、のちにIMPACTors（現IMP.）のメンバーに選ばれる影山拓也、椿泰我、松井奏、佐藤新、横原悠毅、基俊介、鈴木大河の7名も、旧ジャニーズJr.としてそれぞれ個人で出演していた。

『千秋楽が終わったあと、この4人でお台場の大江戸温泉に行ったんですよ。
なんとふっかさんが音頭を取って、俺たち新加入メンバーを誘ってくれた。
大江戸温泉だけじゃなく、いろんな東京の名所というか……
ほら康二くんは関西人だし俺も中学生だったから、
きっと東京のことを知らないと思ってたんでしょうね。
俺と康二くんとか、知ってる場所に連れていかれたとき、
知らないフリをするのが辛かった。
お芝居、下手すぎて（笑）』

——当時を振り返って語ったラウール。

さすが苦労人の深澤辰哉だけに、新加入の3人に対する気遣いはハンパなかった。

「深澤くんは『滝沢くんに〝3人をよろしく〟って頼まれたから、半分仕方なかった』——などと裏では照れてましたが、楽しそうに『4人で撮ったプリクラ、まだちゃんと取ってあるからね』と懐かしそうにも語っていて、ラウールくんに言わせると『ふっかさんが3人と6人の橋渡し的な感じになってくれた。ふっかさんは恩人』——だそうで、その存在感は計り知れません」（同前）

岩本照が〝表のリーダー〟だとすれば、そのリーダーとメンバーの両方を支える〝お母さん〟的な存在はやはり――

『ふっかさんしかいない！』

――と、ラウールは改めて強調する。

ラウールにとって深澤辰哉はＳｎｏｗ Ｍａｎに馴染ませてくれた恩人。

その感謝の気持ちは決して忘れることはない。

〝キッズダンサー〟時代のラウール

先ほどのエピソードでも少し触れたが、2015年に旧ジャニーズ事務所に入所する前は、まいとラウール名義で〝D'S TOY BURN〟〝HATABOY〟などのダンスチームで活動していたラウール。

当時からヒップホップ系のダンスを得意とし、世界大会で準優勝したこともあるラウールだったが、いわゆる小学生の〝キッズダンサー〟時代には、あのシンガー・AIのコンサートでオープニングアクト（前座）のダンサーを務めた経験があることを、以前『MUSIC STATION』（テレビ朝日系）で明かしたことがあった。

『何せ自分一人の話じゃなく、相手（AI）がいらっしゃるからね。
本当は表で喋る気はなかったんだけど、
『Mステ』の（出演）アンケートにもう書くことなくなっちゃったからさ（笑）』〈ラウール〉

しかしラウール本人は、これまでに『Mステ』やNHK『紅白歌合戦』でAIと顔を合わせるたび、心の中では――

『(AIさん、俺のこと覚えてるかな?
小4のときなんて、今とは顔も全然違うし……)』

――と、ドキドキしながらAIに気づいてもらえる、そんなリアクションを待っていたようだ。

「AIさんは2014年と2015年を産休にあてて休業しているのですが、その休業に入る直前の『MORIAGARO TOUR 2013』で、オープニングアクト企画のダンサーオーディションを行っています。ラウールくんがオーディションに参加したのは、ツアー千秋楽の東京公演(日本武道館)のオープニングアクト。全国33公演で7万人を動員したツアーの価値ある千秋楽ですから、そこで合格したダンサーたちは言うまでもなくハイレベルなダンサーたちばかり。10才で合格したラウールくんの実力はさらに言うまでもないでしょう」(『Mステ』スタッフ)

MCのタモリから『A―ちゃんと会うのを楽しみにしてたんだって?』と話を振られるとラウールは――

『僕がまだキッズダンサーだった頃、
A―さんの2013年くらいのツアーの、
オープニングアクトダンサーをやらせていただいたことがあって』

――と、当時の写真とともにエピソードを話し始めた。

「ラウールくんに『**そのときのこと、覚えてらっしゃいますか?**』と聞かれたA―さんは、何かを思い出したかのように『**やっぱりな! ずっとこの子を覚えてて!**』と本番では答えていましたが、本当は少し怪しくて、リハーサルのあとで『**(ラウールの)写真見せて**』と番組スタッフに頼んでました(笑)。もう10年も前のことで、しかもツアー会場ごとにオーディションを行い、総勢でいえば100人を超えるダンサーがいたわけですからね。今も全員の顔を覚えているほうが無理な話」

(同『Mステ』スタッフ)

それでもラウールが『ホントですか? うわっ、嬉しい!』と喜ぶと、A－はリハーサル後に新しい情報を仕入れたのか、『他にも一緒になったことありますよね?』とリアクション。

するとラウールが『ミュージックビデオとかで』と答え、A－も『この子、本当に可愛くて。飛び抜けていて、(また会えて)すごい嬉しい』と、番組上は演出スタッフの思惑通りに盛り上がった。

『俺も本当にA－さんに覚えていてもらいたかったけど、もし覚えていなかったとしても、『Mステ』で一度でもネタになればもう大丈夫じゃん? これからは〝『Mステ』で話した子だ〟って覚えてもらえただろうし、本番でもキッズダンサー時代から進歩した今のパフォーマンスを見てもらうことができた。これからA－さんと共演させていただくたびに、〝あの子、成長したな～〟的な〝お母さん目線〟で見守ってもらえるんじゃない? 過去は過去として、未来の関係性を作れたことがデカい!』

――嬉しそうに語ったラウール。

AIは〝本当に覚えていた〟かどうかは別として、今のラウールのパフォーマンスをスタジオで見れば、それこそ一生忘れないのではないか。

『**過去は過去として、未来の関係性を作れたことがデカい！**』

ラウールのこの言葉にすべてが込められているだろう――。

ラウール フレーズ

『壁に当たったときは〝視点〟を変えることが大切』

もし正面からぶつかって跳ね返されたときは、上手くかわす方法を考える前に、それまでとは別の視点で原点に立ち返ってみよう。それがラウール流の克服方法。

『「自分の常識は他人にとっての非常識」——だと大学で学べた。
それだけでも進学した価値があった』

ラウールらしい発見。「ラウールの常識は他人にとっての非常識」
と認識したことで、また一歩成長した。

『〝自分の目の前にいるファンのみんなをどう喜ばせるか？〟
――俺たちが考えるのはそれだけでいいんじゃない？』

過熱する故ジャニー喜多川氏の性加害報道に振り回されたくない。自分ができるのは目の前のみんなを〝喜ばせる〟こと。そのことだけに集中すればいい。

4th Chapter

渡辺翔太

Shota Watanabe

SnowMan
渡辺翔太のREAL

サウナー渡辺翔太と岩本照の〝筋肉〟で結ばれた絆

旧ジャニーズ事務所所属のアイドル〝屈指のサウナー〟と知られる渡辺翔太は――

『サウナで整ってお肌の老廃物を流せるのが一番だけど、
男同士の裸のつき合いというか、
メンバーだけじゃなくて先輩、
特に〝昔はバックについていろいろと学ばせてもらえたけど、
今はほとんど顔を合わせない〟先輩たちと（サウナで）一緒になると、
いろいろとお話を聞かせてもらえるのが貴重。
俺にとってのサウナは〝社交場〟でもある』

――という〝目的〟もあると話す。

『都心にある〝E〟というサウナに行くと、
だいたいTOKIOの松岡くんが伊藤英明さんと来てる。
そこは最初Hey! Say! JUMPの八乙女くんに連れていってもらったサウナで、
他にも同じHey! Say! JUMPの有岡くん、髙木くん、薮くんにも会うね。
あとKis-My-Ft2の二階堂くんも。
少し前には元Kis-My-Ft2の北山くんが玉森くん、宮田くんと3人で来てた。
この仕事をやってるとグループは違っても仕事の終わり時間というかサイクルが同じだから、
先輩たちともよく顔を合わせるんだよね』

——サウナ事情をそう明かす渡辺翔太。

ちなみにSnow Manのメンバーでいうと阿部亮平と向井康二も〝サウナ仲間〟。

『むしろ今のSnow Manは個人仕事が多いから、仕事終わりに一緒にサウナに行くというよりも、メンバー同士だと〝サウナのために待ち合わせる〟ことが多いかな。

メンバー全員、最低一度は俺の行きつけサウナに連れていってるよ(笑)』

そんな〝サウナー〟の渡辺翔太だが、なぜか唯一、岩本照とは「サウナの趣味が少し違う」らしい。


『簡単にいうと照のサウナは〝減量〟とか〝体脂肪を落とす〟ことがメインだけど、俺は〝美容〟のためにサウナに入る。

だから俺のほうが入念というか、サウナ室で開かせた毛穴を水風呂でキュッと閉めるわけ。

でも照はとにかく汗を流してサッと上がる……みたいな。

行きつけもジムに併設されているサウナ室がメインだしね。

要するにアイツは筋トレとサウナがセットになってるワケ』

――なるほど。めちゃめちゃわかりやすい。

『〝整う〟系でいえば、阿部ちゃんが俺に近い。
康二のサウナは完全に〝お風呂代わり〟で、
「光熱費がもったいないからサウナで体を洗って帰る」のが一番の目的(苦笑)。
でも最近、阿部ちゃんを誘ったのに、
「高温のサウナ室と低温の水風呂を繰り返すのは体に負担がかかるから」
——って断られたことがあって、
それはショックな出来事の一つだったね』

さっき渡辺翔太が名前を出した〝都心のサウナ・E〟はタトゥーが入っていてもOKなので、芸能人の来店が多いという。

たまにヤンチャそうなお客さんに「SnowManの?」と声をかけられることもあるらしいので——

『本当は嵐のメンバーが通ってる〝世田谷の○〟とかに通いたい。完全個室だから。
でも俺の予算だと完全個室の○には週一ぐらいでしか通えない。
高いんだもん』

するとここで、先ほど渡辺から「照はとにかく汗を流してサッと上がる」とサウナ事情を明かされた岩本から渡辺に反論が——。

『違うんだよ。

しょっぴーって穴が開きそうになるぐらい、人の体をマジマジと見てくるワケ。

「ここの筋肉はどうやって作るの？」とか聞いてくるんだけど、

裸だから恥ずかしいじゃん（苦笑）。

だからしょっぴーとサウナで会ったら早く上がるのよ。

見られまくるから』

岩本照に言わせれば、サウナの趣味が違うわけではなく、渡辺翔太にマジマジと裸（筋肉ね）を見られたくないから〝早上がり〟するのだそうだ。

『マッチョがみんな筋肉自慢というか〝筋肉見せたがりキャラ〟なわけじゃなくて、
特に俺の筋肉は見せるためじゃなく〝使う〟ために鍛えているから、
服で隠れている部分で〝腹筋以外〟はあまりひけらかしたりしたくないんだよね。
でもサウナだと裸だから自然と見えちゃうじゃん、見せたくなくても。
だからしょっぴーみたいにジロジロと眺めてくる人は少し苦手』

――本音を明かした岩本照。
サウナで渡辺翔太に捕まると、細かい筋肉の鍛え方、作り方を質問されることも――

『正直、面倒くさい』

――そうだ。

『ジムで聞かれたら具体的な筋トレ方法を目の前で見せることができるけど、サウナだと口で説明しなきゃいけないし、その表現が面倒くさい。

だから最初は〝ジムで聞いて〟って逃げてたの。

しょっぴーは〝筋肉をつけすぎると美容に悪い〟みたいなニュアンスのことを言ってたから、きっと本格的な筋トレはしないだろうなって思ってたから。

ところが最近「筋トレで体力をキープしたい。腹に力を入れて歌を歌いたい」――とか言って、ジムに通い出してさ。

そうなるともう、こっちは逃げられない。

ずっと〝ジムで聞いて〟と言ってた手前（笑）』

岩本照は都心の会員制ジムと旧ジャニーズ事務所内の自分がプロデュース（トレーニングマシンを選定）した筋トレルームを使い分けていたが、渡辺翔太はその筋トレルームで岩本照を待ち受けているらしい。

『タレントはみんな24時間使えるんだけど、
ジュニアも含めたら何百人も使うから、
真夜中から明け方じゃないとなかなか自由に使えない。
真夜中にジムに行ったら、
ランニングマシンの陰から（美白で）真っ白な顔のしょっぴーが現れるんだぜ?
ちょっとしたホラーよ（苦笑）』

……などとネタにしながらも、岩本照はしっかりと渡辺翔太を指導してくれているらしい。

渡辺翔太と岩本照の〝筋肉〟で結ばれた絆は、まるで鍛え上げられた筋肉のように、これからさらに固く強く結ばれていくに違いない。

〝美容＋アルファ〟キャラへの進化

さすがに渡辺翔太が――

『不老不死を目指している』

――と発言したとき、いくら番組内の企画とはいえ「バ○じゃない？」と呆れた視聴者が大半だったのではないか。

「本人もそれは自覚していて、番組の関係者の話では、渡辺くんは**『企画としてはアリだけど、俺発信だと（お茶の間に）思わせるのは勘弁して』**――と無駄な抵抗を試みたようですね」（人気放送作家）

それはこの10月13日に放送された『それＳｎｏｗ Ｍａｎにやらせて下さい』（ＴＢＳ系）での出来事。

渡辺翔太と親交のあるＭａｔｔが、２人で〝不老不死の食材〟探しの旅で秋田県に向かうロケ企画だった。

「いくら〝美容〟に対する意識が高く、ガチでプライベートでも親交のある２人とはいえ、さすがに〝不老不死の食材探し〟はキツいでしょう（苦笑）。まだ〝美白に最大の効果がある食材〟とか、具体的なテーマがあったほうがよかった。いくら何でも、あり得ない〝不老不死〟の食材とか……」（同人気放送作家）

海岸線からロケがスタートし、渡辺翔太が日傘を差して登場すると、番組側が渡辺翔太の〝美容〟をネタにして笑いを取ることしか考えていない姿勢が透けて見えたかのようだった。

さらにそこに当然のように、渡辺翔太と同じく日傘を差したＭａｔｔが登場。

そこで秋田に向かう目的が「食べるエメラルド」と呼ばれる美肌効果抜群のジュンサイ探しと明かされ、２人は野生のジュンサイを探しに山に入ることに。

「歩いてジュンサイ探しに向かうか冷房の効いたロケバスで向かうかの選択を迫られましたが、虫が嫌いな渡辺翔太が取り乱す姿をＭａｔｔが『**見てみたいから歩きで**』と言い出すなど、完全に渡辺翔太を〝美容好きのヘタレキャラ〟に仕向ける意図がミエミエでしたね（笑）。スタジオでも佐久間大介やラウールから厳しいツッコミが入りましたが、ファンの皆さんにとっては渡辺翔太のこのキャラはアリなんでしょうか？　ナシなんでしょうか？」（同前）

実は番組スタッフによると、渡辺翔太のヘタレキャラは〝本人発信〟で――

『**どんどんイジってもらいたい。**
イジられてナンボ』

――と渡辺翔太自身が言い出したことだと明かしてくれた。

『正直さ、Snow Manが9人でデビューするって決まったとき、
9人の中の1人、つまり〝1／9の存在〟で我慢するか、
自分だけのキャラを見つけて〝1／1の存在〟になるか、本気で悩んだんだよ。
やっぱみんなそれぞれ1／1のキャラを持っている中、
俺だけが1／9で甘んじるのは違うと思ったんだよね。
〝美容〟もキャラとして通じるけど、やっぱり他のメンバーに比べると少し弱い（苦笑）。
そこで俺独自で考え出したのが、
美容＋アルファに〝ベタレキャラ〟や〝イジられキャラ〟になること。
さっくんもヲタクのイジられキャラだけど、ヲタク界では憧れの存在じゃん？
俺もイジられキャラでありながら、美容界の内部では憧れられるキャラになりたい』〈渡辺翔太〉

そしてそのキャラが飽きられかけたところで、次のキャラへとステップアップしていくつもりだと明かす。

『タレントは進化し続けないと、
ファンのみんなの期待を裏切ることになるからね。
俺は仮に〝美白〟に失敗する日が来ようとも、
(ファンの) みんなの期待を裏切る日だけは絶対に迎えたくない!』

発言はカッコよすぎる渡辺翔太だが、肝心のジュンサイ採りの沼(池)ではカエルやヒル、タニシなどの生物に――

『ガチ怖いっす!
(沼の) 底見えないし』

――と、こちらはキャラではなく本気でビビりまくり。

『だってカエルとか虫、本気で苦手だもん。

俺、下町育ちではあるけど、一応は東京出身だからね。

子どもの頃、カエルや虫を突っついて遊んでいたわけじゃないし……』


こんな渡辺の様子にX（旧Twitter）では、

「壊れちまったしょっぴー可愛い」

「ビビりまくるしょっぴー面白い」

「覚悟決めてやるしょっぴー偉い」

「カエル苦手なのによく頑張った」

——などの声が飛び交っていたようだ。


これは渡辺翔太の〝ヘタレ&ビビりシリーズ〟、期待してもいいんじゃない？

渡辺翔太が明かしたジャニーズ所属タレントとしての〝真の想い〟

岩本照の項目でも関連したエピソードをお話ししたが、2023年10月16日をもって、創業以来約61年の歴史に幕を下ろした旧ジャニーズ事務所。

所属タレント以上の知名度を誇り、また同時に旧ジャニーズ事務所の〝象徴〟とも言える存在だった故ジャニー喜多川氏による性加害問題は、日本の芸能界史上、最も多くの被害者を生み出した事件として、未来永劫、許される日が来ることはないだろう。

2023年8月29日に行われた第三者チームによる調査報告、提言会見を受け、9月7日の記者会見で故ジャニー氏の性加害をほぼ全面的に認めた旧ジャニーズ事務所幹部は、10月2日の会見で旧ジャニーズ事務所の社名変更、被害者への補償が完遂されたあとの将来的な廃業、新エージェント会社の設立予定などを発表。

しかしそこからは今一つ〝現役タレント〟たちの真の『心の内』は見えてこなかった。

「テレビの情報番組、ワイドショーにレギュラー出演している城島茂くん（TOKIO）・中丸雄一くん（KAT-TUN）・中間淳太くん（旧ジャニーズWEST 現WEST.）・福本大晴くん（Aぇ! group／旧関西ジャニーズJr. 現関西ジュニア）らはそれぞれの意見を番組内で発言することができましたし、他では堂本光一くん（KinKi Kids）が主演舞台の公式会見で発言することができました。ところがその他のメンバーからは、目立った発言は出てきていません。しかしそれは旧ジャニーズ事務所から発言を控えるように命じられているわけではなく、全マスコミが手ぐすねを引いて〝ジャニーズを叩いてやろう。今なら叩ける!〟と待ち構えているからで、マスコミ自身が発言の機会を遮っているだけです」（芸能ジャーナリスト）

そんな中、ジャニーズ事務所最後の日である10月16日、一部のメンバーたちはファン向けの会員制公式ブログに今の気持ちを記していた。

中でも渡辺翔太は――

『（事務所の）名前が変わっても最高のエンタメを届ける、それは変わらない。
みんな、事務所、改めてこの世界に入れてくれてありがとう』

――と記し、ファンへの感謝を伝えた。

「9月末にグループを脱退、旧ジャニーズ事務所を退所したのちにTOBEに所属した北山宏光くんと仲がよかった宮田俊哉くんは社名変更について触れて、『寂しい気持ちの方もたくさんいらっしゃると思いますが、俺たちは変わらずにエンタメを続けていこうと思っています』――と記しました。この渡辺くんと宮田くんの発言からは〝新エージェント会社に所属して活動を続ける意欲〟を感じますし、ファンの皆さんにそう伝えたのだと思います」（同芸能ジャーナリスト）

また渡辺翔太は――

『Snow ManとSixTONESはデビュー直後にコロナ禍に見舞われてるから、
何もできないときは焦っても仕方がないし、

「自分自身に磨きをかけるしかない」――って理解してるんだよね。

だから今の俺にできることは、思いっきり美容に力を注ぐこと。

そうして自分磨きを続けていけば、自信を持ってまたみんなの前に立つことができる』

――と、力を込めて周囲の関係者に語っている。

所属タレントとして世間の注目が集まる中、決して焦ることなく、いつもと変わらずにマイペースでいてくれることは、まさに〝頼もしい〟のひと言でしかない。

もちろん故ジャニー喜多川氏の性加害を許容することはできないが、一方、いくつかの大手芸能プロダクション、特に傘下で養成機関を運営しているプロダクションは、次のターゲットが自分たちに飛び火することを恐れていると囁かれている。

「意に沿わぬ性虐待という観点に立てば、故ジャニー喜多川氏の何倍、何十倍も少女たちを蹂躙した芸能プロ幹部は山ほどいます。また空想物語ではなく、芸能人や芸能志望の少女たちを宴席に招き、隙あらば自分のモノにしようとしていた政治家や有名企業の経営者、IT関連の起業家も山ほどいる。いつジャニーズから飛び火して来るのか、今回の問題に芸能界から意見が出てこない、立場の表明がないのはそういう理由です」（某テレビ局幹部）

旧ジャニーズ事務所をガス抜きに使い、騒動の鎮火を願う芸能界。

そんな舞台裏を承知のうえで、渡辺翔太はこうも語っているという――。

『ある意味、良いことも悪いこともそれぞれというか、ちゃんと一つずつ向き合うべきだと思うんだ。
だからウチの、(旧)ジャニーズの問題は(旧)ジャニーズの問題として、
ちゃんと片をつけなければならない。
俺とか単なる所属タレントには大したことはできないだろうけど、
少なくともファンのみんなに見せてきたパフォーマンス、届けた楽曲には一つの〝ウソ〟もない。
それだけは自信を持って胸が張れるし、
それを証明するためにもこれまで以上に積極的に活動していきたい。
みんなを少しでも不安にしたり悲しませていたりしていたら、
そんな風にしか罪滅ぼしができないから』

自らの決意を語った渡辺翔太。

もちろん〝罪〟だなんて、誰もSnow Manメンバーに対して思ってなどいないが、渡辺のファンへの純粋な想いはしっかりと伝わってくる。

渡辺翔太、そしてSnow Manには、ますます自分たちに磨きをかけて、真っすぐ前を向いて歩んでいって欲しい。

渡辺翔太 フレーズ

『知ってた？
花粉症の人って、完璧主義者が多いんだってさ』

渡辺翔太が仕入れた一説によると、ストレスを溜めやすい性格の人ほどアレルギー反応を出しやすいのだとか。真偽のほどは定かではないが。

『もし万が一、将来的に自分の寿命がわかるＡＩが開発されたら、
俺は絶対に答えを聞きたい。
残された時間を充実させたいから』

いわゆる〝究極の質問〟系の話題だが、渡辺翔太いわく「ポジティブな人ほど〝残された時間を充実させたい〟って願うんじゃないかな？　だって途中で寿命が尽きたら悔しいじゃん」――だとか。

『言葉の頭に「大丈夫」ってつけると、悪いことが起こらなくなる。
気持ちの面でね』

よく使うのは「大丈夫。俺ならできる」だと明かす渡辺翔太。そうして
自分に暗示をかけているのだろう。

5th Chapter

向井康二

Koji Mukai

向井康二が叶えたい〝デビュー前からの夢〟

阿部亮平のエピソードで向井康二との〝あべこじ〟ペアのバンコク旅行エピソードを少しお話ししているが（※阿部亮平の章を参照）、向井康二はタイのスター俳優・ブライトとの2ショットも『それスノ』公式Ｉｎｓｔａｇｒａｍに投稿。日本だけではなくタイでも大きな話題になったという。

「そもそも向井康二くんと阿部亮平くんの2人は、10月の21・22日にバンコク郊外のサンダードームスタジアムで開催された音楽フェス『ＯＣＴＰＯＰ ２０２３』に出演するため、『それＳｎｏｗ Ｍａｎにやらせて下さい』スタッフを引き連れて現地を訪れました。このフェスには毎年日本からのアーティストも参加していて、今年はＴＨＥ ＲＡＭＰＡＧＥ、ＢＡＬＬＩＳＴＩＫ ＢＯＹＺ、ＰＳＹＣＨＩＣ ＦＥＶＥＲが出演しました」（ＴＢＳテレビスタッフ）

向井康二と阿部亮平が『ＯＣＴＰＯＰ ２０２３』のステージに上がる姿を『それスノ』が密着取材していたのだが、今回、数多くのオフショットが公式Ｉｎｓｔａｇｒａｍに投稿される中、向井とブライトの2ショットもオフショットのワンシーンとして公開された。

ブライトは本名をワチラウィット・チワアリーという。生まれたのは目黒蓮と同じく1997年だが、生年月日は1997年12月27日なので（日本式の）学年は一つ下になる。俳優、歌手、司会者、モデル、実業家などの顔を持つ。

「ブライトはタイの人気ドラマ『2gether』で主演を務めたことをきっかけにアジア圏で大ブレイクを果たし、Instagramのフォロワー数も一桁違う1，800万人超と、世界的なスターの条件、1，000万人超を満たしています。『2gether』は動画配信サイトの世界ランクにも入った人気作で、その主演のブライトは、まさに世界的なスター俳優です」（同TBSテレビスタッフ）

180センチを超える身長と端正なルックスは、日本でデビューしてもブレイクするに違いない。

「ブライトの世代は日本でも旧ジャニーズ事務所からデビューした〝ゴルフ&マイク〟の（現地での）活躍を見て育っているので、ブライト自身も旧ジャニーズ事務所についてはある程度認識していたようです。こんなことを言っては何ですが、向井康二くんが旧ジャニーズ事務所のタレントじゃなかったら、気安くツーショット撮影には応じてくれなかったでしょう。それほどブライトはタイでは若手の大スターなのです」（同前）

——Instagramのフォロワー数1，800万人のブライトと、Instagramアカウント未開設の向井康二。正直、世界的には多少の格差は否めない。

『まあ、言うても俺のほうが年上（1994年生まれ）やからね。

それにブライトが『2gether』でブレイクしたの、聞いたら2020年らしいやん。

俺ら、初週ミリオンでデビューしたの2020年1月22日やし、
どう考えてもブレイクは俺らのほうが先やん。

ブライトには俺のこと〝兄さん〟呼ばせなアカンのと違うか？』〈向井康二〉

それはなかなか大胆な意見だけど、間違っているとも言えないかも。

『俺さ、デビューする前の（旧）関西ジャニーズJr.時代から、
「いつかタイの芸能界でも知られるようになりたい」――って思ってたんよ。
日本から通うの大変やからタイでレギュラーが欲しいわけやないけど、
理想はSnow Manで定期的にコンサートやって、
そのとき、必ずタイの人気バラエティ（番組）に呼ばれる――みたいな感じ』

――デビュー前からの夢を語った向井康二。

〝定期的〟の期間は、本人的には――

『年1ぐらい?
フェスじゃなくちゃんとした単独コンサートね』

――とのこと。

今回のブライトとのツーショットには、「まさかあのブライトくんと?……の衝撃」「日本のアイドルとタイのスターが並ぶ世界線」「イケメンの隣にイケメンがいる」と、かなりの反響を呼んだ。中にはブライトが世界的なスターであることを知っているファンからの「言葉が見つからないほど凄い」の声や、向井康二の願い通りに「康二くんがタイでもちゃんと見つかって欲しい」とのエールも。

『いつかタイの芸能界でも知られるようになりたい』

向井康二のデビュー前からの夢、ぜひ叶う日が来て欲しい。

向井康二自慢の〝徹子ティー〟

『ホンマにちっちゃい子どもの頃から見ていた番組やし、ようやく芸能人として胸張れる番組に呼んでもらえた』〈向井康二〉

今年の夏、日本中の誰もが知る超有名トーク番組『徹子の部屋』（テレビ朝日系）に出演した向井康二。

『徹子の部屋』がスタートしたのは、まだテレビ朝日が「日本教育テレビ（NET）」と名乗っていた1976年2月2日で、来年（2024年）2月で48周年を迎える超長寿番組。放送回数は12，000回を超え、2023年9月12日には同一司会者によるトーク番組のギネス新記録（12，100回）を達成。

番組スタート当時42歳だった黒柳徹子も、まさか人生の半分以上、この番組の司会を続けることになろうとは想像もしていなかっただろう。

『半分冗談で「いつまで（この番組を）やりはるんですか?」って聞いたら、
「ここまで来たら50周年までやらせてもらいたい」言うてはりました。
そのためにはちゃんと体を鍛えなアカンとも。
黒柳さんのお友だちの森光子さんが12年ぐらい前に92才でお亡くなりになってはるんやけど、
森光子さんが舞台『放浪記』で前転キメるためにジムに行ってはった気持ち、
今はめっちゃわかるとも言うてはりました』

向井康二がその黒柳徹子と共演した朗読劇『ハロルドとモード』。

この作品は黒柳徹子が「ライフワークにしたい」と話すほどの作品で、向井康二を相手役に迎えた2023年版は、2023年9月から10月にかけて東京・EXシアター六本木と大阪・森ノ宮ピロティホールで4度目の上演となった。

『1971年にアメリカで公開された映画『ハロルドとモード』を舞台化した作品で、79歳のモードと19歳の少年ハロルドのラブストーリー。

俺の前の3回は生田斗真くん、藤井流星、佐藤勝利がハロルド役を演じてきた。

俺は俺で3人とは違う〝向井康二なりの〟ハロルドをしっかりと演じたつもり。

それと朗読劇やし、ハロルドとモードしか出えへんのかと思ったら、ちゃんと桜井日奈子さん、片桐仁さん、渡辺いっけいさん、戸田恵子さんって、連ドラみたいな豪華キャストが揃った作品。

そんな作品に呼んでもらえただけでも幸せやのに、『徹子の部屋』までついてきた。

これはもう〝幸せすぎる〟としか言えへんやんか』

そう聞くと『徹子の部屋』は予期していなかったかのように聞こえるけど、朗読劇にキャスティングされた直後、ハロルド役の先輩であり旧関西ジャニーズJr.の先輩でもあった藤井流星に――

『舞台出たら『徹子の部屋』も呼ばれました?』

――なんて探りを入れていたの、キッチリとバレてるからね（笑）。

『あの人（藤井流星）の口、羽毛布団より軽いな（苦笑）。
せやけど俺、これまでのハロルド役よりも徹子さんから信頼されてる自信があるんよ。
だって徹子さんからわざわざ、
Ｓｎｏｗ ＭａｎのシングルタイトルがプリントされたＴシャツをもらったんやで。
みんな何もらってんの⁉
打ち上げの焼肉屋の上カルビぐらいのもんやろ』

至るところで――

『これ、徹子ティー（Ｔシャツ）』

――と自慢しまくっていた向井康二だったが、あまりにも着回したせいで首元がヨレヨレに。

『こうなってからがTシャツの醍醐味やん』

そう言って鼻息も荒いままの向井康二だったが、顔馴染みのスタイリストさんに――

『同じヤツ探してくれへん？
まだまだ自慢したいから。
もうヨレすぎで人前で着られへん』

――と頼み込んでいたこと、しっかりとバレているんだけどね。

向井康二と室龍太の間に結ばれた〝永遠の絆〟

これは「今さらながら」と言うべきか、「今だからこそ」と言うべきか。

皆さんもご存知の通り、向井康二が旧関西ジャニーズJr.から旧（東京）ジャニーズJr.に移籍する直前、2018年12月の松竹座公演、2019年初頭の『2019 Happy 2 year!!～今年も関ジュとChu Year!!～』まで、ともに〝ツートップ〟として関西を引っ張ってきたのが、現在俳優として活動中の室龍太。

その2人がこの夏から秋にかけ、TBS系『アイ・アム・冒険少年』とテレビ東京系『あなたの1週間、壁にしました』で相次いで共演した。

「特に向井康二がパンサー・向井慧とダブル〝向井〟でMCを務める期間限定の新番組『あなたの1週間、壁にしました』では、室龍太は初回ゲストとして登場してくれました。旧関西ジャニーズJr.時代から苦楽をともにした〝るたこじ〟ペアとして知られる室龍太の1週間（の密着）を2週に渡って放送しました」（人気放送作家）

この番組はMCの向井康二と向井慧が壁の言葉を選ぶと、その言葉が飛び出したVTRが展開されていく構成の新しいスタイルのトークバラエティ。どのVTRをどの順番で見るかはすべて〝W向井〟の気分に任せられるため、スタジオトークは予測不能となり、演出や構成に左右されない〝むき出しの素顔〟が次々に暴かれていく。

『期間限定じゃなく、〝W向井〟の冠をつけてレギュラーにしたい』

番組への意気込みをそう語った向井康二。

初回ゲストの室龍太は『NGなし』を豪語し、逆に向井康二のほうが焦る瞬間も垣間見えたが、旧ジャニーズの俳優仲間とのBBQや日帰り温泉旅に密着。もちろんモザイクがかかってはいたが、旧ジャニーズタレントとしては禁断のヌードも初公開された。

『龍太くんに〝NGなし〟とか言われると、
いつのどんなエピソードに飛び火するか、
こっちのほうが焦るよ（苦笑）』〈向井康二〉

――よっぽど大阪時代、ブイブイ言わせていたのかな?

『そんなんあるワケないけど、東京でのモテモテキャラが大阪で崩壊したらイヤやん』

――そう言って笑う向井康二だけど、東京で〝モテモテキャラ〟だって聞いたことないけど（笑）。
一方、現在俳優として舞台を中心に活躍している室龍太は――

『なにわ男子ができてから（2018年9月頃）は、康二も一緒に余りもんで歌ってた』

――と、なにわ男子結成後に向井康二らと〝公式なユニットにもなれないユニット〟で活動していた時期を振り返る。

『なにわに入れへんかったからって、辞める選択肢はなかったな。

「これからは1人でやっていこう」って。

最初は「康二と2人で頑張っていこう」——みたいなのもちょっとはあったけど、

薄々、俺らには（中間）淳太くんと（桐山）照史くんみたいな2人組は無理やろうなって思ってた』

——と、当時を振り返ってくれた。

そんな時期、室龍太は向井康二から『Snow Manに入る』と告げられ、それでも『康二がSnow Manに行くことに関しては羨ましいとかそういうのはなくて、〝よかったな〟っていうのがホンマの気持ち』と、快く送り出してくれたのだ。

『すごい言いずらそうに「実はSnow Manに行くのよ」……みたいな。

逆に気を遣わせてしまったことが申し訳なくて、すごい悔しくて。

言葉に表せない気持ちになりました』

——と、当時を振り返って本音も吐露した室龍太。

『龍太くんが――
「東京に来てから康二をいろんなメディアで見る機会が増えたのも事実で、
そういうのを見て〝よかったな〟と思う反面、
やっぱり心のどこかで〝負けずに頑張らなアカン〟
せやないと気ィ遣わせて、
言いずらそうにさせてしまったあの頃を康二に蘇らせちゃうんじゃないか……。
だから俺も負けずにいろんな仕事して、共演できたりしたら」
――と言ってくれたとき、
涙腺ホンマにピンチやった。
番組を見てくださったファンの皆さんの間には〝今さらかよ〟と思う人もいるかもしれんけど、
俺にしたら龍太くんは〝今だからこそ〟明かしてくれたと思う』

旧関西ジャニーズJr.時代から向井康二と室龍太の間にしっかりと結ばれた固い絆。
その絆は何があろうと永遠だ――。

向井康二フレーズ

『あの番組をやってて思うこと?
「もっともっと冒険をしていきたい!
将来、後悔しないために」
……かな』

TBS系『アイ・アム・冒険少年』で感じたこと。たくさんのムチャ振りはされるけど、普通に暮らしているだけでは経験することができない絶対的な経験値。それを手に入れられたのは〝冒険〟のおかげ。

『〝希望〟は「自分は自分」と考えられる人にしか芽生えない。
だから俺は自分の判断を信じてる』

関西から関東に移籍する際、最後の決め手になったのは、滝沢秀明氏からの言葉。「お前が希望を手に入れるために必要なのは、自分を信じて貫くこと」――の励まし。

『弱い自分を否定しない。弱ければ弱いなりに闘っていけばエエだけの話』

強い者には強い者の、弱い者には弱い者の〝闘い方〟がある。
それを心に刻んでおけば、必ず前に進むことができる。
だから無理に強くなろうとして、弱い自分を否定してはならない。

6th Chapter

阿部亮平

Ryohei Abe

SnowMan
阿部亮平のREAL

沼落ち続出の〝めめあべ〟ペア

クールでセクシーな〝だてめめ〟ペア（※宮舘涼太の章を参照）に対し、こちらは「沼落ちする気分」と言われているのが、同じく目黒蓮とのペア、〝めめあべ〟の阿部亮平だ。

〝沼落ち〟とは主にサブカルチャーにドップリと浸かって抜け出せない状態のことで、アニメやアイドル、メイドなどに時間とお金と情熱を惜しげもなく注ぎ込むようになることと言われているが、もっと言うと「沼にハマってはいけないことが頭ではわかっているのにどうしても抜けられない」――ヲタク用語的にはそこまで踏み込んだというか、〝重症患者〟のことを指す。つまり〝沼落ちしたらおしまい〟的な、最後のボーダーでもある。

それがわかっていて、ファンの皆さんを次から次へと沼落ちさせる、沼に引き摺り込んでいるのが、阿部亮平と目黒蓮の〝めめあべ〟ペアだという。

「〝めめあべ〟ペアの最大の魅力は、2人のやり取りの中に多大なるリスペクトを感じさせるところです。阿部亮平くんは目黒蓮くんのパフォーマンス、俳優としての才能や資質をリスペクトし、目黒蓮くんは阿部亮平くんの頭脳や知識、さらに目標のためならどんな努力も惜しまない姿勢をリスペクトしている。Ｓｎｏｗ Ｍａｎのメンバーは仲がいいだけではなく、お互いに対する思いやりやリスペクトを感じさせてくれますが、特にこの2人はその気持ちが目に見えてわかる。だからこそファンの皆さんから見て〝尊い〟のです」（人気放送作家）

〝めめあべ〟ペアは『それスノ』などレギュラー番組においても、テレビとラジオ問わず掛け合いに安定感があると評価されている。

「これは『それスノ』のスタッフに聞いた話ですが、めめあべは自分たちのやり取りの中に〝編集点〟を作ってくれるそうです。単に思うがままに会話しているように見せて、ＶＴＲ編集がしやすいような〝間〟を設けてくれるとか」（同人気放送作家）

めめあべのやり取りは会話の内容が変わる瞬間、そこでカットしやすいようにほんのわずかな〝間〟を挟んでくれるらしい。

皆さんも今後、めめあべのやり取りで場面が変わったりＣＭに入ったりしたときは、2人が作った〝間（編集点）〟が活用されたと思って欲しい。

『〝間〟については、さすがプロのスタッフさんにはバレちゃうね（苦笑）。
でも俺はめめとのやり取りだけじゃなく、
メンバー全員でも、それぞれでも、
必ず編集点は作るように心掛けてはいる。
それって演者側にしたら、自分が演出しているというか、構成しているのと同じなんだよね。
俺は『Qさま!!』でそのやり方を学んで、ＳｎｏｗＭａｎの番組に還元している。
でもこの話が通じたのはめめだけで、
だから俺とめめが話すシーンはいつも2人とも編集点の奪い合い。
〝どっちが締めるか〟――みたいな（笑）』〈阿部亮平〉

そんなめめあべは、プライベートでも良好な関係を続けている。

『『ｓｉｌｅｎｔ』（フジテレビ系）のときなんかそうだったんだけど、
撮影終わりにウチに寄ってもらって、先週分の感想とかバ〜っとめめに話しまくってたね。
今年の『トリリオンゲーム』（ＴＢＳ系）のときなんか、
仕事終わりの移動車の中で思いついて、撮影現場に差し入れしに行ったもん。
そうしたら、めめよりもガク役の佐野勇斗くんとか凜々役の福本莉子さんのほうが驚いてた（笑）』

そんな阿部亮平について、目黒蓮は——

『いつも優しい言葉をかけてくれる。
でも阿部ちゃんって優しすぎるから、
それが自分を苦しめたり辛い気持ちにさせるときがあるんじゃないか？
……って心配になる』

——そうだ。

さらに——

『そんなとき、自分は阿部ちゃんを守れる存在になりたいし、
それだけの力を身につけたい』

——とも話す目黒蓮。
お互いを尊重しリスペクトし合う。
その根底にあるお互いの信頼感。
これからも〝めめあべ〟ペアに沼落ちするファンが続出しそうだ。

阿部亮平が描く〝妄想デート〟プラン

売れっ子アイドルともなると、しばしば雑誌のインタビュー企画あるいは独白企画などで、妄想デートコースのプランについて語らせられるケースがある。
まさに〝アイドルあるある〟の一つだ。

『正直、いつも〝誰得?〟と思っちゃう企画だし、
担当の方は「ファンサービスの一つです」とか言うけど、
決してファンサービスになるとも思えない。
むしろ不快にさせちゃうんじゃない? 生々しくて。
でも幾多の先輩方が通った道だし、それを否定するまでの気持ちはないんですよ。
ないことはないんだけど、
その手の企画をやりたいかどうかと言われると……やりたくないよね(苦笑)』〈阿部亮平〉

そんな阿部亮平が描いた妄想デートコースだが、この発言からもおわかりの通り、阿部亮平本人は〝納得していない〟ことを前提に、皆さんも頭の中で妄想してみていただきたい。

『基本は王道というか、観覧車やイルミネーション、映画館で上映中に手を繋いだりとか、
わかりやすいデートにつき合ってくれる相手が嬉しい。
こっちは年齢（30才）の割に経験不足だから（苦笑）、
いきなりのサプライズで喜んでもらうのも難しい。
もちろん性格的にめっちゃリサーチはすると思うけどね。
理想はクルマで迎えにいって、
ドライブ中に〝こういうプランはどう?〟とか聞きながら、
一緒に決めていく感じのデート。
優柔不断に思われちゃうかな?』

ドライブ先のリサーチがバッチリなら、結果的に優柔不断にはならないいんじゃない?

『BGMは『Dangerholic』（笑）。

ドライブ中は音がなくても気にならないタイプだけど、何か勝手に流すならラジオかな。

曲を自分たちで変えていきたいならDJはお任せする。

好きな曲を自然に知れるし、曲の好みが一緒だったら盛り上がるしね。

できれば「それ世代〜！」とか「昔聴いてた」「わかるな〜」――って、
テンション上がるとさらに嬉しい』

ドライブで盛り上がったら、その先はどういうプラン？


『ドライブで行きたいのは季節に関係なく海で、
特に東京に住んでいたらアクアラインと海ほたるは必須だよね。

着くのが木更津だけど、帰りは金谷から横須賀までフェリーに乗る裏技もある。

俺、フェリー独特の匂いとか雰囲気が好きなんだよね。

横須賀だと途中から自動車専用道路や高速で都内に帰ってこれるよね？

でもこれはデートっていうより、俺が個人的にオフをドライブで楽しんでるだけかも（笑）』

まずは自分が楽しまないと相手を楽しませることもできないし、それはそれでアリなんじゃない!?

『普通さ、海沿いをドライブするって湘南じゃん?
俺はそこまで俗っぽくなりたくないというか、せっかくのオフを楽しみたい。
早朝から深夜までつき合ってもらえるなら、
木更津から九十九里を北上して、香取神宮や鹿島神宮も巡ってみたいかな。
途中で〝飛行機見たくなった〟とか言って、成田空港に寄ったりして(笑)。
今、羽田空港ってめちゃめちゃアクセスよくなって施設もたくさんできてるけど、
ここはあえて成田空港へ。
あんまり詳しいわけじゃないけど、国内や海外のLCCも乗り入れてるし、
ある意味、羽田空港の滑走路よりカラフルで楽しそう。
本当はノリで「このままハワイ行っちゃう?」とか言いたいところだけど、
デートにパスポートを携帯してくる子、いなさそうだしね』

――そう言って笑う阿部亮平。

『でもこうして妄想していくと意外に楽しいね。
デートに限らず、頭の中でオフの過ごし方を妄想してみるとストレス解消になる?
それとも、もっとストレス溜まっちゃうか。
でもストレス溜まってもいいから、
こうなったらとことん〝妄想デート〟を突き詰めてやりたい気になったよ(笑)』

いつの間にか誰よりも真剣にデートプランを練っていた阿部亮平。
こういうのも〝やるときはやる〟って言うのかな?
でもその真面目さこそが、阿部亮平の最大の魅力なのは間違いない。

魅力爆発！〝あべこじ〟ペア

「『それSnow Manにやらせて下さい』は番組が公式Instagramを開設していて、進行中のロケの様子を更新してくれています。10月下旬に更新されたのが、阿部亮平と向井康二の〝バンコクロケ〟の様子。バンコクの原宿と呼ばれる繁華街サイアムスクエアで2人がダンスをするムービーが公開されると、ファンの皆さんが一斉に反応した。2人は〝ワイ〟と呼ばれるタイの合掌ポーズを取り込みながら、キレッキレのダンスを披露。バンコクの中心地を開放的なステージに変えて、心からロケとダンスを楽しんでいる笑顔を振りまいてくれました」（民放ディレクター）

2人がロケをしていたサイアムスクエアからBTS（Bangkok Mass Transit System）と呼ばれる高架鉄道（スカイトレイン）・サイアム駅を挟んだ反対側には、2020年2月1日、Snow Man初の海外遠征『JAPAN EXPO THAILAND 2020』のステージが組まれた会場、バンコク・セントラルワールドがある。

『(タイと特に深い関わりがあるわけではない) 俺ですらめちゃめちゃ懐かしい思い出が蘇ったから、〝バンコクに住んでいた康二はなおさらだろうな～〟って振り返ったら、普通に大汗かいてスイカシェイク飲みながら「頭キーンなった」とか言って顔しかめてんの(苦笑)。

確かにアイツは何回かバンコクに来てるみたいだけど、メンバーの俺とあのときの会場近くにいたら、特別な想いの一つや二つは蘇りそうなものじゃん。

デビュー直後のステージだったし、ギリギリまで〝もしかしたらパンデミックで行けないかも?〟とか言われていた中、なんとか来られたのに……。

本当にアイツ、肝心なときに情緒が足りねえんだよな(笑)』〈阿部亮平〉

しかしそんな舞台裏はさておき、ファンの皆さんからはこの〝あべこじ〟ペアも人気が高い。

実際、この動画が公開されるや否や、Ｉｎｓｔａｇｒａｍのコメント欄には「阿部ちゃんと康二くんが可愛いすぎてキュンキュンする」「あべこじはホントに可愛くて最高」「ダンスめちゃめちゃ上手いのに、それに加えて溢れ出る可愛さとのギャップがあべこじの魅力」などなど、あべこじペアへの賞賛が相次いでいた。

『〝あべこじ〟ってさ、何か〝あべこべ〟みたいで縁起悪いよね（笑）。

だからといって〝こじあべ〟は可愛くないし、〝あべジーコ〟は何人《なにじん》だかわかんないし。

……まあ、〝あべこじ〟でも〝あべこべ〟でもどっちでもいいや、
みんなが呼びやすいように呼んでくれればいいよ。

でもロケに来ると康二のテンションがめっちゃ高くてさ。

だいたいグループ全員での泊まり仕事って相部屋になるんだけど、
こういうロケ、それも海外ロケは個別に部屋を割り当ててもらえるわけよ。

そうなったらロケが終わってみんなで飯食ったら、広い部屋でのんびりと過ごしたいじゃん？

言葉はわからなくても現地のテレビ番組を流したりして。

それなのに康二は、わざわざ俺の部屋に押しかけてきてソファで寝たりすんのよ。

もうずっと喋り続けてうるさいし、自分が喋り疲れたら勝手に寝始めるし。

正直、ロケよりも部屋に戻ってからのほうが疲れた（苦笑）』

――そう文句を言いながらも、満更ではないというか、楽しそうに振り返る阿部亮平。

このあたりに〝本当は仲いいくせに〟とツッコみたくなる余白がある。

そして2人はバンコク市内に滞在しながら、次のロケ地、郊外の「サファリワールド」を訪れている。

『サファリワールドでは真ん中にオランウータンを挟んで記念撮影をしたんだよね。
オランウータンはお客さんに〝キスをする〟ように芸を仕込まれていて、
頬っぺたにキスをしてくれたんだけど、これがまた結構臭いのよ（笑）。
夜、ちゃんと洗ったのに枕に臭い移ったからね。
でも赤ちゃんのときから人間と一緒にいるから、自分のことを人間だと思っている節もあるし、
どちらかといえば康二も俺もＳｎｏｗ Ｍａｎの中では〝猿顔〟の部類だから、
向こうも親近感を感じていたみたい。
すっげえ無邪気でストレートな視線を俺に投げかけてくれたうえに甘えん坊だから、
その瞬間はめっちゃ可愛くて仕方がなかった』

今回のバンコクロケでファンの心を鷲掴みにした〝あべこべ〟ならぬ〝あべこじ〟ペア。
これからも〝あべこじ〟の2人から目が離せない。

阿部亮平 フレーズ

『あのチャップリンの名言に「あなたの最高傑作は？」と聞かれて、
「次回作だ」って答えたエピソードがあるんだけど、
俺はそれを「過去は過去、もう過ぎたことにこだわらない」
――って受けとめてる』

名言は単にその言葉に感動したり感銘を受けるためにあるのではなく、阿部亮平のように「自分で言葉の意味を考える」ことにもある。阿部亮平が解釈するように「過去は過去、もう過ぎたことにこだわらない」精神も大切なのだ。

『自分には「何かが足りない」と悩んでる人。
足りないいんじゃなくて、
「ひょっとしたら〝多い〟かもしれない」って見つめ直してみよう』

「もし多かったら、次は〝整理〟することを考えよう」――と続く阿部亮平のセリフ。「余計なものは何か？」を見つけ出すことは、いい意味で自己肯定感に繋がっていく。

『「難」が「有る」から「有難う」になるんだよ。
〝難を乗り越える〟意味がある』

確かに「ありがとう」を漢字で書くと「有難う」になる。当たり前すぎて気づかなかったが、〝難が有ること〟に感謝してこそ、人は「生きている」。〝難を乗り越える〟ことに生きる意味がある――。

7th Chapter

目黒蓮

Ren Meguro

"公式Ｉｎｓｔａｇｒａｍ開設"——目黒蓮の想い

（２０２３年）10月23日、目黒蓮が公式Ｉｎｓｔａｇｒａｍを開設した。

「２０２３年１月、メンバーの先陣を切ってラウールが個人Ｉｎｓｔａｇｒａｍアカウントを開設。現在ではグループと『それＳｎｏｗ Ｍａｎにやらせて下さい』公式アカウント、個人ではラウールとこの目黒蓮の２人がアカウントを開設しています」（人気放送作家）

しかしそんな目黒蓮のアカウントだが、船出から思いもよらぬトラブルが。

なんと開設当日から翌日にかけて、肝心の公式Ｉｎｓｔａｇｒａｍアカウントが突如として停止してしまったのだ。

「どうなることかと思いましたが、その24日の21時から約１時間のインスタライブを配信。最大42．９万人の方が視聴してくださいました。またアカウントが公開されてからインスタライブまでの間に約１３９万人まで伸びていたフォロワー数も、インスタライブ終了後に約１４２万人、翌25日には約１５０万人を突破。３日間で優に約１６０万フォロワーを獲得しました」（同人気放送作家）

開設後わずか1日でフォロワー数約120万人を突破した時点で、嵐・松本潤、KAT-TUN・亀梨和也、Kis-My-Ft2・玉森裕太といった〝フォロワー数約110万人クラス〟の先輩たちを軽く追い越し、旧ジャニーズ事務所の所属タレントでは最多のフォロワー数約400万人を誇る木村拓哉に肩を並べる〝夢〟を十二分に見られる勢いだ。

『Instagramのアカウント開設は去年の末から今年にかけて準備していて、本当はずっと鍵アカで存在していたんだけど、公開するタイミングが今になっただけ。早ければラウールと一緒に開設することもできたんだよね。でもそのおかげでラウールのアカウントの反応とか見ながら、「自分は何を発信していけばいいか」――いろいろと研究することもできた。寝ている間にアカウントが停止になって、起きたら復旧していたのはあとで知って驚いたけど(笑)。スタッフさんたちは本当に大変だったと思うし、「こうして支えられながら俺たちは仕事できてるんだな~」って、改めて実感した』

――開設当初を振り返ってそう語る目黒蓮。

『ものすごく嬉しかったのは、初めてのインスタライブを何人ものメンバーが見ていてくれたこと。
ファンの皆さんがコメント欄で教えてくれたんだけど、
俺一人の配信なのにコメントがあんなに早く流れていくなんて想像もしてなかった。
ラウールの書き込みとかファンの皆さんに教えてもらえたから、
つい「ラウール見てる？ 昨日一緒にいたもんな」――とかリアクションしちゃったけど、
あとでラウールに「電波を私物化しちゃダメじゃん」って怒られたよ。
康二は康二でマネージャーさんを通じて連絡が来たんだけど、
「めめ、コメント読みすぎて、つむじめっちゃ映ってる」――っていうメッセージには、
もう少し上手くリアクションしたかった（苦笑）』

初のインスタライブでしみじみと語ったのは、今の自分たちを取り巻く環境について。
同じ問題に向き合うにしても、一人一人のいる場所により見え方が変わり異なる意見が生まれるので、
物事の見え方の違いは人生の様々な場面で起こり得るし、自分とは異なる意見を否定することだけは
絶対にしたくない、耳を傾けたいということ。
もちろんこれは、故ジャニー喜多川氏の性加害問題に絡めての話。

『逆に言えば、俺たちはみんなの意見を聞くし、
みんなも俺たちの意見に耳を傾けて欲しいって想いがある。
世の中みんな日々葛藤して生きていても、
最終的には〝みんな同じ人間だから平和がいいよね〟というシンプルな話。
自分本位や自分目線だけじゃなく、
相手の立場になって考えることでお互いが理解し合えるようになるんじゃない？
そうすれば誰かを傷つけることを避けられるかもしれないし、
根本的な解決の糸口が見つかるかもしれない』

わかりやすい言葉で率直な気持ちを表現する目黒蓮。

この発信力と彼の言葉が持つ影響力があれば、木村拓哉超えも決して夢物語では終わらない。

『silent』で花開いた〝俳優・目黒蓮〟の才能

今年で16回目の開催となった『東京ドラマアウォード』で、目黒蓮が助演男優賞（対象作品『silent』）を受賞した。

この賞は従来のアウォードで重視されてきた〝芸術性〟や〝質の高さ〟といった基準とは異なり、あくまでも〝市場性〟と〝商業性〟に焦点を当てた「売れるドラマ」を最大限に評価するアウォードだ。つまりは日本人の制作者、配給者として〝海外に見せたい〟と思える、魅力のあるドラマを表彰するもの。

「過去に受賞した俳優さんによっては、その審査基準を高く評価し、ザ・テレビジョン・ドラマアカデミー賞や日刊スポーツ・ドラマグランプリなどのドラマ賞とは『比べ物にならないほど嬉しい』という人もいました。さらにこちらは映画賞ですが、『日本アカデミー賞やブルーリボン賞よりも価値がある』と話す俳優さんも。やはり自分の演技や出演作品が〝売れる〟と見なされる評価は、組織票頼りのドラマ賞や顔も見たことがない評議委員が投票する映画賞よりも嬉しい、〝役者冥利に尽きる！〟と感じる。プロの俳優として当然だとする声も多く聞こえてます」（芸能ジャーナリスト）

そしてその『第16回東京ドラマアウォード2023』の受賞結果は以下の通りだった。

■作品賞
〈連続ドラマ部門〉
グランプリ：『ブラッシュアップライフ』（日本テレビ系）
優秀賞：『鎌倉殿の13人』（NHK）
『星降る夜に』（テレビ朝日系）
『silent』（フジテレビ系）
『エルピス—希望、あるいは災い—』（関西テレビ／フジテレビ系）
『フェンス』（WOWOW）

〈単発ドラマ部門〉
グランプリ：『TOKYO MER～走る緊急救命室「隅田川ミッション」』（TBS系）
優秀賞：『未解決事件 File.09 松本清張と「小説 帝銀事件」』（NHK）
『生理のおじさんとその娘』（NHK）

『神の手』（テレビ東京系）
『監察医 朝顔2022スペシャル』（フジテレビ系）

〈ローカル・ドラマ賞〉
『弁当屋さんのおもてなし』（北海道テレビ）

■個人賞
主演男優賞：小栗旬『鎌倉殿の13人』
主演女優賞：川口春奈『silent』
助演男優賞：目黒蓮『silent』
助演女優賞：夏帆『silent』
脚本賞：バカリズム『ブラッシュアップライフ』
演出賞：風間太樹『silent』
主題歌賞：Official髭男dism「Subtitle」（『silent』主題歌）

ご覧の通り『silent』チームは個人賞部門で5冠、作品賞でもグランプリに次ぐ優秀賞を獲得しており、紛れもなく「主役」の座に就いていたのだ。

「昨年（2022年）10月クールに放送されてから1年、まだしっかりと皆さんの脳裏には『silent』の記憶が鮮明に残っているのだと感じます」（同芸能ジャーナリスト）

主演女優賞を受賞した川口春奈は、公式Instagramに「『東京ドラマアウォード2023』とんでもなく素敵な賞をたくさんいただきました。1年経った今もたくさんの方に愛されてるなと実感します！ そんな作品に出会えて私はとても幸せです」と喜びを綴り、トロフィーを持ったソロショットと助演男優賞を受賞した目黒蓮との2ショットを投稿してくれた。

その川口春奈演じる紬の高校時代の交際相手で若年発症型両側性感音難聴を患った佐倉想を演じた目黒蓮について――

『すごくパワフルだし受け取るものがすごく大きくて、
目黒さんの演じた想が紬のキャラクターを引き出してくれた』

――と、感謝の言葉を送った。

『川口さんとは『ｓｉｌｅｎｔ』の撮影以来、久々にお会いしたんだけど、
何か貫禄がついた感じだった。
太ったとかそんな意味じゃなく、全然痩せてるから誰もそんなこと思わないと思うけど（笑）。
……というか今回も顔を合わせただけでお話しとかはほとんどしてないけど、
ステージの上で褒められると気分いいね。
正直、自分の中では相当な試行錯誤があっての役柄だったから、
その役柄の佐倉想が〝引き出してくれた〟って、自分ではあまり実感がなかったからこそ嬉しい。
川口さんや俺と一緒の助演（女優）賞を受賞した夏帆さんと、
次に共演させていただく機会があったら、
今度は俺が主演・座長の立場で、誰が見ても〝現場を引っ張ってる〟って言わせたい』〈目黒蓮〉

Ｓｎｏｗ Ｍａｎのメンバーとしてデビュー以降、着実に演技の幅を広げている目黒蓮。
２０２４年もＳｎｏｗ Ｍａｎの〝演技班〟の筆頭として、数々の賞にノミネート、受賞する姿が見えるようだ。
〝俳優・目黒蓮〟の未来は、限りなく光り輝いている――。

〝テテめめ〟で上がった目黒蓮のモチベーション

9月21日木曜日に生放送されたフジテレビ系『めざましテレビ』のワンコーナーで、BTS・Vと初対談を行った目黒蓮。

2人はそれぞれ「テテ」「めめ」という愛称であることから、X（旧Twitter）上には「テテめめ」というワードが飛び交い、大盛り上がりを見せた。

「年齢的には1995年12月30日生まれのVのほうが、1997年2月16日生まれの目黒蓮くんよりも年上。韓国も2023年6月に満年齢（西暦）に変更されましたが、それまでは独特の数え年（それによるとVは2023年中は29才）が採用されていました。また学年は1月生まれから12月生まれが同学年になるので、日本式では早生まれでVの1学年下になる目黒蓮くんも、韓国式では2学年下になってしまう。余談ですが1997年9月1日生まれ、BTS最年少メンバーのジョングクは日本式では目黒蓮くんの1学年下になりますが、韓国式では同学年の同級生になります」（人気放送作家）

『テテさんに「ニックネームは〝めめ〟です」と挨拶したら、
日本語で「僕は〝テテさん〟です」——と返してくださった。
実際にお会いしてみると、
あのレベルが超高いパフォーマンスとは結構ギャップのある、
チャーミングな〝ヒョン(お兄さん)〟だった』〈目黒蓮〉

ファンの皆さんにはあえてご説明する必要もないだろうが、「グループ内で年齢が下から2番目」という共通点について目黒蓮が『よかったところはありますか?』と尋ねると、Vは——

『何かミスをしても、年下だからと甘く見て自然に流してくれることがあります』

——と回答。

そして逆に同じ質問を返すと、目黒蓮も『僕も全然怒られないです』と笑った。

『本当は甘えちゃいけないことは、俺もテテさんもわかってるんだけどさ。
でも「(年少の立場を)利用できる限りは利用したい」って意見も同じだった。
BTSさんもSnow Manのように頻繁にメールをやり取りしてるとも聞いて、
「やっぱり息の合ったパフォーマンスには、
意思の疎通や理解が絶対的に欠かせないんだな~」って、実感もできましたね。
BTSさんは変なダンス動画やギャグ動画も送り合ってるそうで、
メンバーみんな〝康二みたいなことやってるよ!?〟って親近感も湧きましたね』

――と話す目黒蓮。

BTSは今年でデビュー10周年を迎え、年長メンバーも続々と兵役に従事するので――

『グループとしての目標が立てずらいのでは?』

――と、目黒蓮は少々ツッコんだ質問も投げかけたようだ。

『テテさんは「先のことはわからない」と言いながらも、
「BTSがBTSを愛していることは変わらないし、
今までもこれからもBTSでパフォーマンスをして、
そして僕の音楽も大好きです」
――と断言されたんです。
その姿は本当にカッコよかった』

また目黒蓮が――

『デビューしてからは4年、デビュー前も入れたら14年』

――とキャリアを明かすと、Vは笑顔で『先輩ですね』と持ち上げてくれた。
さらに2人に〝犬好き〟の共通点が発覚し、しかも2人ともがポメラニアンを飼っていることがわかると、距離がグッと縮まると同時に〝親バカトーク〟に。

『モチベーションが上がったのは、
テテさんがＳｎｏｗ Ｍａｎのことを知らなかったことかな。
これからＢＴＳさんはじめ、韓国のアーティストさんに意識される、
〝ライバル視される存在〟になりたいし、
「そのための努力をもっともっと重ねなきゃならない」――っていうモチベーション』

日本では飛ぶ鳥を落とす勢いのＳｎｏｗ Ｍａｎだが、世界的アーティストとなったＢＴＳとは、
まだまだ肩を並べられる存在ではないということか。
Ｓｎｏｗ Ｍａｎが今後さらなる成長を遂げることを楽しみにしよう。
そして彼らはその期待に必ずや応えてくれるはずだ――。

目黒蓮 フレーズ

『困難な状況を打ち破りたいときは、〝何が何でもやり遂げる〟気持ちで突破する』

そこには自信もなければ、そもそも突破するだけの実力も備わっていないかもしれない。でも何よりも大切なのは、〝何が何でもやり遂げる〟鋼鉄の意志なのだ。

『見えないところを綺麗にすると、見えるところが光ってくる』

たまに早い時間に帰宅したときには、家中を掃除する〝ノルマ〟を課している目黒蓮。それは単なる「キレイ好きかどうか」の問題ではなく、隅々までキレイにすると、目に入る範囲、すべてが〝光って見える〟からだ。もちろん気持ちの問題だが、この〝気持ち〟が大事なのだ。

『〝これはダメ、あれはイイ〟とか、
計算している時間が人生で一番無駄な気がする』

頭の中で綿密な計画やビジョンを立てることは確かに大切だけど、単に悩んでいるだけの時間は結構無駄。そんなとき、目黒蓮は「やる」ことに決めている。

8th Chapter

宮舘涼太

Ryota Miyadate

単独レギュラー番組で〝舘様流〟全開！

「すでに新番組として10月からのオンエアが告知されていたとはいえ、故ジャニー喜多川氏の性加害を旧ジャニーズ事務所が公式に認めて以降、CMのみならず新番組がいつお蔵入りしてもおかしくはありませんでした。そういった意味では無事にスタートして、ファンの皆さんはホッとしたのではないでしょうか」（フリーディレクター）

10月16日から毎週月曜日の深夜23時56分からのオンエアでスタートした宮舘涼太の単独MC番組『日本全国さすらい料理バラエティ 黄金のワンスプーン！』（TBSテレビ 一部ネット局）

Snow Manメンバーでは屈指の料理好きとして知られる宮舘涼太が、旬の食材を求めて日本全国で美食旅をするコンセプトの新番組。

「同じくTBS系『ラヴィット！』で披露している〝舘様クッキング〟の進化版。ご当地ならではの絶品グルメを堪能しながら、ラストには〝舘様流〟料理でゲストや現地でお世話になった皆さんに振る舞う。どことなく『相葉マナブ』にも似てますけど」（同フリーディレクター）

最初に話を聞いたとき――

『まさか自分なんかに?
嘘なんじゃないかと戸惑いました』

――と明かす宮舘涼太だったが、

『打ち合わせを重ねるごとに実感が湧きました。
自分のスタンスやロイヤルでエレガントな見せ方、
見られ方をずっと変えていないので、
そこがよかったのかなと思いました。
新番組が決まり、メンバーがとても喜んでくれたのが何よりも嬉しかった』

このあたりの感想は、金曜ナイトドラマへの出演が決まったときの深澤辰哉と同じ。

『MCという立ち位置は、
普段『ラヴィット!』での川島さんを見ていると自分に務まるかどうか不安ですが、
月曜日の深夜を任せていただくのは本当に大きなチャンス。
この番組をきっかけに僕のことだけではなく、
Snow Man のことも知っていただけたら嬉しい』

宮舘本人によると――

『深夜番組の視聴者層に訴えなければいけないけど、あまり意識しすぎないようにもしたい』

――という。

そして麒麟・川島明の名前も出たが、『ラヴィット!』のクッキングコーナーを担当するようになって、自分の知名度も上がったことを実感するとも話す。

『プライベートで食事に行くと、
お店の料理長から『ラヴィット！』の感想を言われることがあるので、
特別な反響をすごく感じてますね。
……とか言いながら、誰かに手料理を振る舞った経験はほとんどないので、
番組ではロケに協力してくださった方々が大事に育てられた食材を、
自分がダメにしてしまわないようにして、
なおかつ視聴者の皆さんが驚く料理も作っていきたいですね』

自分にとってはいかにも初めてのことだらけなので、長い目で回数を重ねることにどう成長していくのか見守っていただきたいと語る宮舘涼太。

『個人的にはよく〝食べ方がきれい〟と言われるので、
黄金のスプーンでエレガントに食べるシーンにも注目していただきたい。
また各地の名産品も紹介していくので、今後その町の活性化にも繋がればいいなと思ってます』

それにしてもこの番組、ずっとSnow Man、そして宮舘涼太を応援してきたファンの皆さんにとっては感慨深いものがあるのではないだろうか。

Snow ManがYouTubeでオリジナルコンテンツを配信し始めたばかりの頃、メンバー間でやりたいことを話し合う中で出たのが「宮舘涼太は料理が得意」という話題だった。

そして当時、Snow Manを知らない人たちにも興味を持ってもらえる企画を目指して生まれたのが、宮舘涼太の料理企画『今夜のオカズ宮舘を添えて』で、初回のローストビーフには驚かされた。

その後もSnow Man加入を祝うかのように向井康二に青椒肉絲を作ったり、リモート収録でメンバーそれぞれに合った具で作ったおにぎりを食べる「リモートランチ会」を開いたり、のちにそれが『ラヴィット！』〝舘様クッキング〟に繋がったと言っても過言ではないし、その『ラヴィット！』がこの『黄金のワンスプーン』へと繋がったのだから。

今後は料理を作ることだけではなく、食べることにも興味がありそうな宮舘涼太の食に関する探究心が全開になることにも期待したい。

「宮舘くんは今回の単独レギュラーについて、『月曜日の深夜を任せていただくのは本当に大きなチャンス。この番組をきっかけに僕のことだけではなく、Snow Man のことも知っていただけたら嬉しい』――と話したように、あくまでも〝Snow Manあっての自分〟を常に忘れない人。そんな宮舘くんの成長とグループのために奮闘する新たな挑戦を応援しない人はいないでしょう。特に旧ジャニーズ事務所のタレントさんたちに吹きつける逆風の中で」（前出フリーディレクター）

10月23日にオンエアされた2回目の放送では〝松茸料理〟を披露した宮舘涼太。

本人も〝大きなチャンス〟と意気込む単独レギュラー番組で、新たな〝舘様の魅力〟をアピールして欲しい。

松本潤が宮舘涼太に嫉妬!?……の真相

旧ジャニーズ事務所の名称が消滅する直前、一連の故ジャニー喜多川氏の性加害を追いかけ続けてきた〝文春砲〟が、NHK大河ドラマ『どうする家康』の現場における、主演・松本潤（徳川家康役）の〝傲慢な横暴ぶり〟を報じたが、さらにSMILE-UP.に改名直後、今度はその松本潤が、出演が内定していた旧ジャニーズ事務所の後輩、Snow Man・宮舘涼太のキャスティングに難色を示し、実際に宮舘の起用が見送られた疑いがあることを報じた。

「〝文春砲〟の内容は内部告発とのことですが、NHKの知人に聞いたところ、報じられた内容、すなわち松本潤くんの横暴や宮舘くんのキャスティングを白紙に戻したような話は〝初耳〟だと話していました。今のマスコミは〝捏造記事でも何でもジャニーズを叩ければいい〟みたいな風潮になっているので、決して松本くんが宮舘くんのキャスティングを邪魔したなどとは思っていません。しかし仮に100人のスタッフがいたら、中には数人、松本くんの立ち振舞いを〝気に入らない〟と思うスタッフもいるわけで、そういうスタッフが外部に吹聴している可能性はあります」（人気放送作家）

2023年の大河ドラマ『どうする家康』は、そのタイトルから連想できるように従来の家康像とはうって変わり、〝か弱きプリンス〟が悩みながら戦国乱世を生き抜く姿を描いている。

そんな中、文春砲は松本潤が「自身が格好よく映るように脚本や演出を〝改悪〟したり、助監督らを恫喝するなど、松本はいくつもの問題行動を撮影現場で起こした」と報じ、その続報的な扱いで、

「(松本は) キャスティングにも大きな影響力を持っていました。松本さんが気に入らないから出演が見送られた役者もいます」

——とし、その一人が宮舘涼太だと報じたのだ。

「宮舘涼太くんは新春歌舞伎で十三代目市川團十郎白猿さんと共演して華麗な殺陣を披露したり、歌舞伎ファンからも認められる旧ジャニーズ事務所の若手タレント筆頭になりつつあった。将来の夢の一つにも『**大河ドラマに出ること**』を挙げていて、NHKのキャスティング担当者から当時の旧ジャニーズ事務所に連絡が入っていたことまでは事実のようです」(同人気放送作家)

ところがそんな宮舘のキャスティングを、松本潤が「あの子が大河に出るのはまだ早い」と言い放って邪魔をしたというのだが、当の松本自身も大河ドラマへの出演は2回目ではあるものの、1回目は昨年の『鎌倉殿の13人』最終回にナビゲーター(徳川家康役)として出演しただけなので、役者として出演するのは今回が初めて。

いくら主役とはいえ、他の出演者のキャスティングを堂々と左右できるほどの力は持っていないだろう。

「ただし松本くんが宮舘くんに対して一種の〝ジェラシー〟を感じていたのは事実のようです。松本くんは今回の大河ドラマに石田三成役で出演している二代目中村七之助さんとは高校時代の同級生かつ大親友。もちろんお父さんである（故）十八代目中村勘三郎さん、お兄さんの六代目中村勘九郎さんとも高校生のときから交流があり、歌舞伎界には一定の影響力を持っているというか、少なくとも（旧）ジャニーズ事務所の中では自分が一番歌舞伎界との繋がりが強いと思っていた。ところが宮舘くんは今年の新春歌舞伎で十三代目市川團十郎白猿さんと2回目の共演を果たし、歌舞伎界での存在感を知らしめた。歌舞伎に詳しくない方はご存知ないかもしれませんが、〝市川團十郎〟という名跡は歌舞伎役者のトップに君臨する大名跡。いくら松本くんが中村勘三郎家とプライベートで繋がりがあっても、歌舞伎界や歌舞伎ファンから見れば、市川團十郎に認められている宮舘くんのほうが〝格上〟なんです。そんな宮舘くんに松本くんが嫉妬した可能性がまったくないとはいえない……。だからといって本当にキャスティングの邪魔をしたとは思えませんが」（同前）

当の宮舘涼太も妙な噂（文春砲）に困惑している——。


『基本、俺らはその手の報道をいちいち信じたりはしないけど、
ファンのみんなへの影響は気になるし、こんなネタで潤くんのことを恨んだりしないで欲しい。

俺はそんなことあり得ないと思ってるし、潤くんや事務所のスタッフさんに確認する気もない。

……というかさ、そもそも『どうする家康』はあり得ないよね。

だって武家社会のストーリーじゃん。

俺はどう考えたって〝貴族役〟なんだから、平安時代の朝廷の話とか……。

そういえば2024年は紫式部が主人公だよね？

もしキャスティングされるなら、ファンのみんなもそっちがいいでしょ！』〈宮舘涼太〉

2024年のNHK大河ドラマ『光る君へ』の主要キャストは主役の紫式部（吉高由里子）以下、藤原道長（柄本佑）、藤原為時（岸谷五朗）、藤原惟規（高杉真宙）、藤原兼家（段田安則）、藤原道隆（井浦新）、安倍晴明（ユースケ・サンタマリア）……と、男性陣はあらかた決まっているみたいだけど、ぜひとも現代に生きる〝本物の貴族〟（？）こと宮舘涼太のキャスティングを願う。

尊いペア〝だてめめ〟はクールでアツい

Snow Manに限らず旧ジャニーズ事務所のグループでは、ファン発信の〝尊いペア〟がある。

「たとえば岩本照くんと佐久間大介くんペアの〝いわさく〟とか、目黒蓮くんとラウールくんの〝めめラウ〟とか、ファンをキュンキュンさせる仲のよさ、独特の空気感が支持されています」（人気放送作家）

要するに仲がいいペアは「ファンの支持、人気が高い」のだが、何もこれは旧ジャニーズ事務所のグループに限ったことではなく、最近のお笑いコンビも「仲のよさがコンビの魅力」の一つになっている。

「その昔、いくら〝小中高の同級生〟でもコンビを組んだら仲が悪くなるのが普通で、たとえばとんねるずやダウンタウンは番組の収録中やリハーサル以外では目も合わせず、お互いの連絡先も知らないのが〝お笑い界の常識〟でもありました。ところが彼らの少し下のさまぁ～ず、おぎやはぎあたりから仲のよさが売りになってきた」（同人気放送作家）

旧ジャニーズ事務所のアイドルたちも〝嵐〟以前まではグループ仲が決してよかったとはいえないし、その原因はメンバー間の年齢差にあったのではないだろうか。

「退所した元TOKIOの長瀬智也くんや元V6の岡田准一くんは最後まで年上メンバーに丁寧な敬語を使っていたし、どれほど人気が出ても年上メンバーを立てていた。でも嵐は最年長の大野智くんと最年少の松本潤くんでも3才しか年齢差がないし、ほぼタメ口に近い敬語しか使わなかった。嵐以降、それなりに年齢差が広いグループもデビューしていますが、基本的にみんなそこまでガチガチの敬語を使わず、仲もいいのが普通。例外はメンバーが大量に脱退したNEWSとKAT-TUNですが、残ったメンバーはやはり〝仲がいい〟メンバー同士でした」(同前)

Snow Manも上下で11才の年齢差はあるが、その世代差を感じさせないほどメンバー間の関係は良好だ。

「とはいえやはり、年齢差のあるグループの中でも年齢差が少ないコンビになってますけどね。そんなSnow Manの中で最近特にファンから注目されている〝尊いペア〟が、宮舘涼太くんと目黒蓮くんの〝だてめめ〟です。社交性に優れた目黒くんは全方位で仲のよさを誇っていましたが、宮舘くんは意外に〝気難しい〟と言われていた。言葉は悪いですが、そんな宮舘くんの心に入り込んだ目黒くんは、つい先日退所した二宮和也くんに並ぶ〝人たらし〟の才能がある」(同前)

しかしそんな〝だてめめ〟だが、表向きには本人たちから〝仲のよさ〟はあまりアピールされていない。

『雑誌とかのインタビューでは「めめとよく食事に行く」話はしているし、何なら「めめとはヤツが宇宙Six時代から遊びに行ってた」とはアピールしてるんだけどね。アピールにならず〝匂わせ〟止まりだったかな(笑)。
まあ、俺もめめも溢れ出す色気が止められないし、
そもそも〝セクシー、ロイヤル、美しく〟の俺だから、めめとは特別な親近感がある。
康二に色気を求めても、出てくるのは〝色物〟臭だけだから(笑)』〈宮舘涼太〉

Snow Manメンバー以外、たとえば長年の盟友でもあるSixTONESのメンバーに言わせると、だてめめのチャームポイント、セールスポイントは〝クールさ〟にあるという。

『あの2人はいつもクールなイメージで、何があっても内心では動じていない。

無駄にはしゃがないし、台本がある番組はキッチリと台本通りに進行させて脱線しない。

そういったクールな信頼感に溢れている』〈京本大我〉

しかしセクシーでクールな2人には、これ以上はないほどのアツい想いも存在している。

『めめは宇宙Six時代、
ファンから〝目黒はバックダンサーにしか見えない〟って言われたことが悔しくて、
「絶対メインになってやる!」って努力してセンターに立てるようになった男で、
そこは少し俺と似てる。
俺も(旧)ジャニーズJr.時代、歌マイクをこの手に持ちたい一心で努力したからね。
お互いにそういった点でもシンパシーを感じてる』〈宮舘涼太〉

2人の〝尊さ〟に気づいてから、さらにSnow Manを好きになったファンの皆さんも多いのでは。

これからもセクシーでクールな〝だてめめ〟から目が離せない。

宮舘涼太 フレーズ

『いつも「茶柱が立ちますように」——と願いながらお茶を入れる人にしか、不思議と茶柱は立たない』

最近は一人暮らしであればあるほど、急須でお茶を入れる習慣もなくなりつつある。しかしどんな時代になろうとも、茶柱が立つことは〝吉兆の兆し〟であることに変わりはない。今日も宮舘涼太は「茶柱が立ちますように」——と念じながらお茶を入れる。

『「石の上にも三年」っていうけど、
大変なのは三年も座られた石のほうだよ』

確かに。見ず知らずの人間が自分の上に3年も座るだなんて、どんな石でも耐え難い苦痛だろう……って、それが〝舘様の感性〟。

『頑張らなきゃいけないときほど笑顔の自分でいたい』

プリンススマイルの裏に隠された（？）宮舘涼太の本音。しかし口で言うほど〝笑顔で居続ける〟ことは簡単じゃない。宮舘涼太の「信念」があってこそなのだ。

9th Chapter

佐久間大介

Daisuke Sakuma

〝アイドルとファン〟の持論への賛否両論

「佐久間くんの最近のホットな話題は、旧ジャニーズ事務所が故ジャニー喜多川氏の性加害を公式に認める少し前、いきなり公式ブログに〝アイドルとファン〟についての持論を展開させたことです。先ほど〝ホットな話題〟としたのは、この投稿がファンの皆さんの間で賛否両論真っ二つの反応を呼んだから。ポジティブに捉える人もいれば、〝なぜ今言い出すの？〟と不思議に思う人、〝わかっているけど言われたくない！〟などとネガティブに捉える人まで、反応は様々でした。でも私が『それスノ』スタッフに〝あんなこと書いて大丈夫なの？〟と尋ねたところ、佐久間くん本人はあまり深刻に考えておらず、大好きなアニメ『推しの子』に触発されただけみたいですよ。いまだに気に病むファンの皆さんもいらっしゃるみたいですが、佐久間くんの〝流行り病〟みたいなものなので、しばらくしたらまた別のことを言っていそうですけどね」（TBSテレビスタッフ）

旧ジャニーズ事務所最後の日には、同じ公式ブログに――

『〝ジャニーズ〟という名前が誇りです。
ジャニーズ事務所は最強で最高。
ジャニーズを超えるエンターテイメントは他にない』

――と綴り、

『これからもＳｎｏｗ Ｍａｎはメンバー９人で前進していく』

――と断言した佐久間大介。

このように〝アイドル〟という職業に強いプライドとこだわりを持っている佐久間大介は、果たして〝アイドルとファン〟について、どんな気持ちを表したのだろうか。

「ブログに佐久間くんは最初、サービス精神旺盛な彼らしく『**俺ら、結婚してんじゃん**』などと、中島健人真っ青の胸キュンフレーズを使っていました。ところが急に、まるでそのフレーズとは正反対であるかのように『**俺ら普通に、アイドルとファンだから! それ以上でもそれ以下でもないから**』――と現実を突きつけました。一応、ファンのみんなを『**好きという感情に偽りはない**』とも綴りましたが、ネガティブに受け止める、突き放されたと考えるファンが多かったのはやむを得ません」（同TBSテレビスタッフ）

SNS上でこの投稿をポジティブに受け止めたファンの言い分は、「距離感がわからなくなったファンへの注意喚起? 何か嫌な出来事でもあった?」などと心配する声が大半。また中間派の意見は「前提として〝夢を売るアイドル〟なんだから、わかりきっていることをわざわざ言う必要はない」とロジカルに反応。

しかし（旧）Twitterで〝アイドルとファン〟がトレンド入りすると、さすがに佐久間大介も慌てたようだ。

改めて言い訳のようなブログを上げることはしなかったが、『それスノ』のスタッフに言わせると、明らかに動揺した様子だったという。

そして——

『あのブログでこんなに反響あるんだから、
アイちゃん（『推しの子』のキャラクター）大変だったろうな』

——などと、どこか非現実的というか、完全にアニメの世界に同化したような反応だったそうだ。

これも〝佐久間大介らしい反応〟なのだろう。

『俺やSnow Manは本音アイドルというか、綺麗事は言わないのがポリシーだけど、確かに（旧ジャニーズ事務所の）先輩たちからも――

「何でも言えばいいってもんじゃない」

「思っててもファンのために口にしない言葉はたくさんある。

言わないこと、発信しないことは、嘘をつくこととイコールじゃない」――とか、たくさんメッセージをもらったんだよね。

自分の中では「31（才）にもなったんだから、何でも発信しよう。しなきゃいけない年齢だ」的な勘違いもあったのは認める。

（アニメ『推しの子』の）アイちゃんは、

〝アイドルは嘘でできている〟と自己演出を極めて東京ドーム単独公演まで上り詰めたけど、
俺は〝嘘でできていない自分〟にこだわりすぎたのかも』

今回の件について、自らの想いをそう語った佐久間大介。

ファンの間で賛否両論を呼んだ佐久間大介のブログ〝アイドルとファン〟の持論だったが、いつの日かその真意や意図をファンに伝える機会がやって来るに違いない。

ピアスの穴に宿る〝友情の証〟

「今年（2023年）の10月改編特番『オールスター感謝祭'23秋』（TBS系）で、これまで耳にピアスをしていなかった佐久間大介くんが、ハッキリと両耳にピアスをつけている姿が生放送の画面に映し出されました。ファンの皆さんにはそれなりの衝撃になったようで。さっそくX（旧Twitter）では〝さっくんピアス〟がトレンドに上がっていました。その後、佐久間くんのピアスは深澤辰哉くん、渡辺翔太くんが〝穴あけ〟を手伝ってくれたことが明かされ、話題になりました」（人気放送作家）

ファーストピアスに深澤辰哉が高校時代から愛用している有名ブランド・Tiffany & Co.のピアスの中からフープピアスを選んだ佐久間大介。

それにしても31才の男性、しかも佐久間のようにファッションセンスに秀でているタレントがピアスの穴をあけて、なぜそこまで騒ぎになるのだろうか。

「たとえばよく時代劇に出演している俳優が撮影中は（さすがに）ピアスを外してお芝居していると、たまにピアス跡が画面に映った場合、一部の熱心な時代劇ファンから〝この時代にはピアスなんかなかっただろう！〟などとテレビ局にクレームの電話が入ることはありますが、佐久間くんは時代劇俳優でもないし、今のＳｎｏｗ Ｍａｎは〝ファッションアイコン〟にもなっている。大半の皆さんは〝ピアスぐらい自由につけなよ〟と思っているでしょうが、そもそも耳たぶに穴をあけなければピアスはつけられないので、中には〝故意に（体に）傷をつけるなんて……〟などの気持ち、まあ愛情の一種でしょうが、そんな感覚で嫌がるファンが一部とはいえ、いるのは事実です」（同人気放送作家）

さらに後日、佐久間大介がパーソナリティを務める冠ラジオ『Ｓｎｏｗ Ｍａｎ佐久間大介の待って、無理、しんどい、、』（文化放送）の中で、深澤辰哉と渡辺翔太と買い物に行った際にピアスをあけることを突如決意したと明かし、数日後、この2人に〝穴あけ〟を手伝ってもらったことも判明。

するとまた一部のファンが「ピアスの穴あけは医療行為ではないのか？深澤くんと渡辺くんは医師法違反ではないのか？」などと騒いだが、ピアスの穴あけは医療行為ではなく、病院やクリニックが医療行為の一つとして請け負うケースがあるだけの話。

『確かに最初は普通にクリニックとかであけてもらおうと考えていたんだよ。
何だかんだいって初めての経験だし、
調べたら病院やクリニックだと部分麻酔を使って痛くないようにしてくれるところもあるらしいし、
消毒とかそういうケアもちゃんとしてるから。
でもせっかくこの年でピアスの穴をあけるのに、それじゃ味気ねえなってことで、
ふっかとしょっぴーに「お前ら1個ずつあけてくんね？」――って頼んだのよ。
ちゃんとピアッサーも用意してさ（笑）』〈佐久間大介〉

説明は不要かもしれないが、ピアッサーとは市販されている〝穴あけ機器〟のこと。
ちなみに左利きの渡辺翔太は右耳の穴を担当、右利きの深澤辰哉は左耳を担当した。

『特にふっかは「いやいや、できないできない」ってビビってたけど、
俺が「お前にあけてもらわないと意味がない」って説得して、
何とかやってくれた。
しょっぴーは頼んだときからノリノリで、
アイツは絶対にSだね（笑）。
ふっかは緊張しすぎてピアッサーを落としたりもしていたね。
まあ、無事に成功してよかったよ』

——そう明かす佐久間大介。

そりゃあいくら本人の許可があっても、他人の体に傷をつけるのはビビるに決まってる。

『でも無理矢理にでもやってもらえて本当によかったよ。
このピアスをつけるたび、
「アイツらに（ピアス穴を）あけてもらったんだよな～」って思えんの、
みんなが想像するよりもジンと来る。
ふっかとしょっぴー、アイツら地元の友だち感あるからさ（笑）』

これも一種の〝友情の証〟だろうか。

佐久間大介がピアスをつけ続ける限り、左耳には深澤辰哉の、右耳には渡辺翔太の〝友情〟が宿り続ける……ような感覚なのかも。

ジャニーズJr.時代〝最も怖ろしかった先輩〟

最近、頻繁にその配信内容が切り取られて報じられる元ジャニーズJr.のYouTuber・Yくんによると、自身が旧ジャニーズJr.として活動していた今から数年前、同じJr.の先輩で〝最も怖ろしかった先輩〟は、圧倒的に佐久間大介だったと明かす。

「Snow Manデビュー前、旧ジャニーズJr.時代の佐久間くんは深澤辰哉くん、渡辺翔太くん、宮舘涼太くんらとともに〝年長組〟でしたから、他の旧ジャニーズJr.に聞いても、体育会系の旧ジャニーズJr.においても特に〝礼儀や挨拶に厳しい〟先輩として知られていたそうです。もちろん体罰等で怖れられていたわけではなく、礼儀や挨拶ができていない、疎かにしていたJr.に対する注意や指導が厳しいことで怖がられていただけの話。そりゃあ20代半ばを超えた年長組の先輩たちでしたから、小中学生の後輩たちにすれば学校の先生に叱られるのと同じ感覚で怖かったのでしょう」（人気放送作家）

一方、Snow Manメンバー後続加入組の向井康二に言わせると、加入当初、目黒蓮やラウールが佐久間大介にビビっていた姿が今でも印象に残っていると語る。


『俺はずっと（旧）関西ジャニーズJr.やったから、
最初は2人がさっくんにビビってたのが不思議やってん。

だって見た目だけで言うたら、（身長が）デカくてマッチョの照くんのほうが怖いやん？

名字に〝岩〟の字も入っとるし、実際に関西でも〝照くんは怖そうや〟って言われてた。

（平野）紫耀や濵田（崇裕）くんが出とったドラマ（『SHARK』）でも、結構強面役やったしな』

〝岩〟の字云々の下りはよくわからないけど（笑）、確かに見た目だけだったら岩本照のほうが怖そう。

『いや〝岩の下り〟って、照くんの拳は〝岩〟のように硬そうやん……って、
そんな小ネタはさておき、せやけど俺もすぐにさっくんの怖さを知ったけどな。
入ってすぐの頃、寝起きでリハーサルスタジオに入ったときに、
〝おはよ〜っす〟みたいな挨拶をしたら、さっくんに——
「康二！ 寝ぼけてないでちゃんと挨拶して入れ‼ やり直し」
——って怒鳴られたもん』

それは当たり前かも。

『それに「(朝) 8時からレッスンっていうのは8時から始められることで、
8時にスタジオ入りするってことじゃないぞ！」
——とも怒られた』

それも当たり前でしょ。

『そういう礼儀とか挨拶とかは、やっぱさっくんが一番厳しい。
せやから後輩、若い後輩はビビるよな。
関西はその辺、めっちゃ〝寛容〟やったから』

〝寛容〟ではなく〝甘い〟の間違いでは(笑)?

……まあそれはともかく、向井康二の証言が佐久間大介の隠れたキャラを炙り出してくれた。

『〝隠れたキャラ〟って、別に隠していたつもりもないけどね。
自分のことを〝風紀委員〟とまでは言わないけど、
ちゃんとしたほうが本人のためになることは、
バンバン言っていくタイプなのは間違ってない』

その姿勢は尊敬する先輩たちから受け継いでいるとも明かす佐久間大介。

『今は本当に一般に浸透してるけど、
10年ぐらい前までは俺らの業界、つまり〝アニメヲタク〟って、
イメージだけで誤解されることがめっちゃ多かったんですよ。
まあ簡単に言うと、暗いとかキモいとか引きこもり系とか。
ある程度までは俺らも世間からの見られ方や扱いを許容せざるを得なかったけど、
Kis-My-Ft2の宮田くんやA.B.C.-Zの塚田くんに――
「佐久間、だからこそ俺たちヲタクは礼儀や挨拶、上下関係をちゃんとして、
(旧)ジャニーズの体育会系文化を継承しなくちゃいけないんだ。
ヲタクの地位向上、認められるためにもな」――って教えを受けて頑張ってきたんです。
俺流に理解すると――
「ヲタクだからこそ誰よりも体育会系のところにこだわって、
ヲタクをバカにさせない、ヲタクもちゃんとしてるんだね」――みたいな』

佐久間大介が尊敬するヲタクの先輩たちから受け継いだ精神は〝ヲタクの地位向上〟に貢献しているに違いない。

佐久間大介 フレーズ

『ある先輩に――

「お前は自分の欠点に鈍感だからきっと売れる。俺と同じ」

――って言われて、
その場では納得したんだけど。

……俺に欠点、ある？』


〝ある先輩〟とは、A.B.C-Z・塚田僚一。いい意味で「暴走スベリキャラ」の2人だが、どうやら佐久間大介は「（俺は塚田くんとは違う）」と思っていそう？

『喜びや楽しみを分かち合える友だちと過ごす時間があってこそ、
どんなストレスにも立ち向かえる』

どれほどの売れっ子になっても、ストレスを抱え込んでしまったらいつかは押し潰される。そうならないためにも、適度に友だちと過ごせる時間が欲しいし、その時間を大切にしたい。

『最初の夢が叶わなくてもさ、
進んだ道こそが本当に進むべき道だったんだよ。
夢なんていくつあってもいいんだから』

これは佐久間大介流のポジティブになれる魔法のメッセージ。

エピローグ

10月6日から12日にかけて集計されたYouTubeミュージックビデオランキングで、約3年9ヵ月前に発表されたSnow Manのデビュー曲が圏外から4位へと浮上した。

「一般の音楽ファンの皆さんは〝なぜ急に新曲ではなくデビュー曲が?〟……と、疑問に感じた方もいらっしゃるでしょう。しかしこれはファンの皆さんにはお馴染み、YouTubeでの1億回再生を目指す〝#DD1億回再生チャレンジ〟運動が起きたからです。すでに去年の夏頃からこのハッシュタグは広まっていましたが、故ジャニー喜多川氏の性加害に端を発し、旧ジャニーズ事務所から〝SMILE-UP.〟に社名変更される前に、つまり〝社名変更されるまでに、10月16日までに1億回再生を達成させたい!〟と改めて多くのファンが賛同、この9月下旬から改めてミュージックビデオを視聴する人が急増したからです。1億回再生は見事に10月12日に達成され、チャートにランクインしたのです」（人気放送作家）

YOASOBIや米津玄師、Official髭男dismなどミュージックビデオの再生回数が優に数億回に到達するアーティストが増える一方、実はデビュー曲が1億回再生を突破した旧ジャニーズ事務所のグループはSnow Manが初めてだ。

すでに旧ジャニーズ事務所の社名も消滅してしまったので、60年を越える旧ジャニーズ事務所の歴史において、Snow Manが最初で最後の〝デビュー曲1億回再生達成グループ〟となった。

「旧ジャニーズ事務所のグループに限らず、デビュー曲にはそのアーティストのこだわり、真髄が込められていて、そのアーティストの未来や将来性まで予見させます。ジャニーズの場合、SMAPやTOKIOなど一部デビュー曲がネタになるグループもありますが、KinKi Kids以降、デビュー曲が音楽チャートで初登場1位を記録するのが〝当たり前〟の時代が続いている。これは旧ジャニーズJr.時代からCDデビューを熱望された、多くのファンに支えられたグループがデビューしてきたのはもちろんですが、デビュー曲の音楽性が認められたからに他なりません」（同人気放送作家）

V6『MUSIC FOR THE PEOPLE』は初登場3位ながら、アイドルグループがユーロビートを取り入れる先鞭をつけたし、初週ミリオンを初めて達成したKinKi Kids『硝子の少年』は音楽史に残る名曲。嵐『A・RA・SHI』はスケスケ衣裳がネタ化しつつあるが、1曲の中にラップパート、バラードパート、印象的な間奏とギターソロパートなどがふんだんに盛り込まれ、一度聞いたら忘れられない楽曲だった。のちにONE OK ROCK・Takaを輩出するNEWSの『NEWSニッポン』、KAT-TUN『Real Face』などの大ヒット曲を経て、King & Prince『シンデレラガール』、そして2020年1月22日に発売されたSnow Man vs SixTONES名義の『D.D.／Imitation Rain』へと、心に残るデビュー曲は続く。

「『シンデレラガール』をリリースした当時のKing & Princeが昭和から続いた旧ジャニーズ事務所の王道路線だとすれば、Snow Manは世界に通用するパフォーマンスレベルの高さからも、新時代の先頭を走るグループだと思っています。もちろん根底には彼らの中で育まれた旧ジャニーズ事務所の〝血〟が流れてはいますが、Snow Manにしか表現することができない世界観をものの見事に生み出してくれています」（同前）

そんなSnow Manにはいまだに――
「滝沢秀明氏の事務所(TOBE)に移籍するのでは?」
――の噂がつきまとっている。

しかしあえて言わせてもらえれば、どこにいても「Snow ManはSnow Man」であり、ファンの皆さんがそれを証明したかったのが、〝『D.D.』1億回再生〟ではなかったか――と私は思う。

この先、彼らがどういう道を歩んでいくのか。

これからのSnow Manに、ますます注目せざるを得ない――。

〔著者プロフィール〕
池松 紳一郎（いけまつ・しんいちろう）

大学卒業後、テレビ番組情報誌の記者として活躍。後年フリーライターとなり、記者時代の人脈を活かして芸能界、テレビ界に食い込んで情報を収集、発信している。本書では、彼の持つネットワークを通して、Snow Manと親交のある現場スタッフを中心に取材。メンバーが語った言葉と、周辺側近スタッフが明かすエピソードから、彼らの"素顔"を紹介している。
主な著書に『Snow Man —俺たちの世界へ！—』『Snow Man —俺たちの今、未来—』『Snow Man －9人のキズナ－』『SixTONES－未来への音色－』（太陽出版）がある。

Snow Man —俺たちのREAL—

2023年11月22日　第1刷発行

著　者…………… 池松紳一郎
発行者…………… 籠宮啓輔
発行所…………… 太陽出版
〒113-0033 東京都文京区本郷3-43-8-101
電話03-3814-0471／FAX03-3814-2366
http://www.taiyoshuppan.net/

デザイン・装丁 … 宮島和幸（KM-Factory）
印刷・製本……… 株式会社シナノパブリッシングプレス

ISBN978-4-86723-150-3

Snow Man
俺たちのREAL

◆ 既刊紹介 ◆

Snow Man
—俺たちの世界へ！—

池松 紳一郎［著］ ¥1,500円+税

『俺ら９人が揃うまで、いろんな奇跡もあった』〈岩本照〉

**『たとえ結果的に“結果”を出す仕事ができなかったとしても、
自分の心の中まで負けてはいけない。
心の中は常に“勝者”でありたい』**〈目黒蓮〉

**メンバー自身が語る“メッセージ”
“知られざるエピソード”で綴る
——“素顔”のSnow Man——**

【主な収録エピソード】

・“東京ドームは格別”——岩本照が明かした本音
・「いわめめ」ペアに大注目！
・“ふっかこと深澤”レジェンド入りの野望
・俺たち“ドラマに出ない”ドラマ班
・ラウールが明かしたメンバーの“舞台裏事情”
・ラウールにとって“特別な先輩”
・『ドリボ』主演でSnow Manの“美容班とミュージカル班”兼任へ
・自称“ドラマ班じゃない”渡辺翔太のドラマ出演への意気込み
・向井康二が叶えた“20代の夢”
・“アテンダー向井康二”の栄光の架橋“向井ブリッジ”
・阿部亮平が切り開く“講演会アイドル”の可能性
・“匂わせ”騒動に対する阿部亮平の真実の想い
・目黒蓮が密かに秘める“人生の最終目標”
・目黒蓮が貫く“仕事への姿勢”
・“だてめめ”ペアでわかった「舘様は単なるめめファン？」
・MC川島も止められない暴走（？）『舘様クッキング』
・“世界一静かな佐久間大介”の意外な一面
・メンバーの固い絆を感じた佐久間大介のアピール

◆ 既刊紹介 ◆

裸のジャニーズ

―誰も語らなかった〝ジャニーズの真実〟―

山瀬 浩［著］ ¥1,500円+税

ジャニーズの表と裏を知り尽くす著者が
自らの体験と取材をもとに赤裸々に語る渾身の一冊!!
門外不出の数々のエピソードをもとに初めて明かす
――"ジャニーズの真の姿"――

【主な収録内容】

・すべての始まり、"合宿所"とは？
・性加害の噂の原点
・ジャニーさんの趣味を決定付けた出会い
・ジャニー喜多川が"最も愛した男"
・メリー喜多川の恐怖政治～強権の始まりは郷ひろみの独立
・たのきんに全力投球～バラエティ・ドラマ進出の原点
・近藤真彦とメリー喜多川の特別な関係
・中森明菜がきっかけでギョーカイに轟かせた『メリー喜多川は恐い』代名詞
・少年隊に懸けた世界進出の夢とメリー喜多川の反対
・メリー喜多川が生み出した錬金術
・テレビ局側（バラエティ番組・音楽番組）の忖度はあったのか？
・デビューの仕組みを根底から覆した滝沢秀明への寵愛
・第1次ジャニーズ Jr. 黄金期
・関西ジャニーズ Jr. の創立
・KinKi Kids との出会い
・SMAP VS 嵐
・SMAP に対するジャニー喜多川の親愛
・"スペオキ"と呼ばれたメンバーたち
・これからのジャニーズ事務所～ジャニーズ復活の可能性

太陽出版
〒113-0033
東京都文京区本郷3-43-8-101
TEL 03-3814-0471
FAX 03-3814-2366
http://www.taiyoshuppan.net/

◎お申し込みは……
お近くの書店にお申し込み下さい。
直送をご希望の場合は、直接小社宛にお申し込み下さい。
ＦＡＸまたはホームページでもお受けします。